HIE * LILA SMOOTHIE * BANANA-TOAST * AVOCADO-TOAST * MÜSLI-MIXER * GLASNUDELSALAT
ULLE * BRAINI-STULLE * MAKKARONI-AUFLAUF * KARTOFFEL- ... DIY-GEWÜRZ-
UPPE * OFENSCHLUPFER * PFANNKUCHEN * GNOCCHI * ZUCC ... TOMA-
ONE-POT * FLADENBROTPIZZEN * HÜHNERBRÜHE * ASIA-KO... SOTTO
OCHES * PAIN AU CHOCOLAT * QUARKBRÖTCHEN * HEIDELBEE ... NCAKES
* KROKETTEN * NO-VAMPIRE-CHICKEN * OMAS GULASCH * SCHWEINEBRATEN * SCHUPFNU-
ESTOKRUSTE * CHEESEBURGER * SPAGHETTI BOLOGNESE * FAMILY-PIZZA QUATTRO GUSTI
NILLE-MUFFINS * SCHOKO-VANILLE-TORTE * CHEESECAKE * WAFFELN MIT 3 TOPPINGS * 80
OLLEN * DRUMSTICKS * CHICKENWINGS * ERDNUSSBUTTER-CHILI-KOKOS-DIP * SWEET HOT
AT * COUSCOUS-SALAT * HOMEMADE HUGO * HOLUNDER-COOLER * KOKOS-ANANAS-DRINK
NS * PERSISCHE REISBÄLLCHEN * ÜBERBACKENE NACHOS * 3 X POPCORN * FROZEN YOGURT
HIE * LILA SMOOTHIE * BANANA-TOAST * AVOCADO-TOAST * MÜSLI-MIXER * GLASNUDELSALAT
ULLE * BRAINI-STULLE * MAKKARONI-AUFLAUF * KARTOFFEL-HACK-AUFLAUF * DIY-GEWÜRZ-
UPPE * OFENSCHLUPFER * PFANNKUCHEN * GNOCCHI * ZUCCHINI-NUDELN * PAPRIKA-TOMA-
ONE-POT * FLADENBROTPIZZEN * HÜHNERBRÜHE * ASIA-KOKOS-TOPF * KARTOFFELSOTTO
OCHES * PAIN AU CHOCOLAT * QUARKBRÖTCHEN * HEIDELBEER-PANCAKES * ZIMT-PANCAKES
* KROKETTEN * NO-VAMPIRE-CHICKEN * OMAS GULASCH * SCHWEINEBRATEN * SCHUPFNU-
ESTOKRUSTE * CHEESEBURGER * SPAGHETTI BOLOGNESE * FAMILY-PIZZA QUATTRO GUSTI
NILLE-MUFFINS * SCHOKO-VANILLE-TORTE * CHEESECAKE * WAFFELN MIT 3 TOPPINGS * 80
OLLEN * DRUMSTICKS * CHICKENWINGS * ERDNUSSBUTTER-CHILI-KOKOS-DIP * SWEET HOT
AT * COUSCOUS-SALAT * HOMEMADE HUGO * HOLUNDER-COOLER * KOKOS-ANANAS-DRINK
NS * PERSISCHE REISBÄLLCHEN * ÜBERBACKENE NACHOS * 3 X POPCORN * FROZEN YOGURT
HIE * LILA SMOOTHIE * BANANA-TOAST * AVOCADO-TOAST * MÜSLI-MIXER * GLASNUDELSALAT
ULLE * BRAINI-STULLE * MAKKARONI-AUFLAUF * KARTOFFEL-HACK-AUFLAUF * DIY-GEWÜRZ-
UPPE * OFENSCHLUPFER * PFANNKUCHEN * GNOCCHI * ZUCCHINI-NUDELN * PAPRIKA-TOMA-
ONE-POT * FLADENBROTPIZZEN * HÜHNERBRÜHE * ASIA-KOKOS-TOPF * KARTOFFELSOTTO
OCHES * PAIN AU CHOCOLAT * QUARKBRÖTCHEN * HEIDELBEER-PANCAKES * ZIMT-PANCAKES
* KROKETTEN * NO-VAMPIRE-CHICKEN * OMAS GULASCH * SCHWEINEBRATEN * SCHUPFNU-
ESTOKRUSTE * CHEESEBURGER * SPAGHETTI BOLOGNESE * FAMILY-PIZZA QUATTRO GUSTI
NILLE-MUFFINS * SCHOKO-VANILLE-TORTE * CHEESECAKE * WAFFELN MIT 3 TOPPINGS * 80
OLLEN * DRUMSTICKS * CHICKENWINGS * ERDNUSSBUTTER-CHILI-KOKOS-DIP * SWEET HOT
AT * COUSCOUS-SALAT * HOMEMADE HUGO * HOLUNDER-COOLER * KOKOS-ANANAS-DRINK
NS * PERSISCHE REISBÄLLCHEN * ÜBERBACKENE NACHOS * 3 X POPCORN * FROZEN YOGURT
HIE * LILA SMOOTHIE * BANANA-TOAST * AVOCADO-TOAST * MÜSLI-MIXER * GLASNUDELSALAT
ULLE * BRAINI-STULLE * MAKKARONI-AUFLAUF * KARTOFFEL-HACK-AUFLAUF * DIY-GEWÜRZ-
UPPE * OFENSCHLUPFER * PFANNKUCHEN * GNOCCHI * ZUCCHINI-NUDELN * PAPRIKA-TOMA-

COOK
BOOM
BAM

#wyiddb*

DAS FAMILIENKOCHBUCH

* wie yummy ist das denn, bitte?

ENDLICH MAL EIN BUCH FÜR UNS ALLE:

Und zwar für die ganze Familie, inklusive Suppenkasper und Extrawurstverlanger, Schwesterherz und Schwippschwager, ferne Verwandte und Freundesfreunde. Denn wenn alle zusammen einkaufen und kochen, wird das Essen erst recht grandios, versprochen! Das Geheimnis liegt nämlich in der Küche, jenem verrückten Ort irgendwo zwischen Kühlschrankuniversum und Ofenwahnsinn. In Teamwork entstehen hier die besten Sachen, die Bauch und Seele glücklich machen.

FÜR MEHR COOK

Klar, in der Woche bleibt wenig Zeit, um groß zu kochen. Wie wäre es daher mit Kochideen, deren Aufwand mini, aber deren Geschmack mega ist? Leckere Flüssigwecker in Form von Smoothies und taschentaugliche Snacks für unterwegs sind genauso schnell gemacht wie unsere Fix-&-Fertig-Ideen. Und wer sich so entspannt durch die Woche kocht, hat am Wochenende viel Energie ...

FÜR MEHR BOOM

Was gibt es Schöneres als jene phänomenale Phase zwischen Freitagsvorfreude und Sonntagsfilm? Wo das bombastisch leckere Langschläfer-Frühstück auch noch mittags schmeckt, während der Duft von frisch gebackenem Kuchen durchs Haus zieht. Und wo ein Gulasch mal ganz entspannt über Nacht schlummern darf. Wenn alle gemeinsam zu Brutzlern, Bäckern und Bratenprofis werden, macht das Essen nämlich doppelt, ach was, dreitrillionenmal mehr Spaß. Perfekte Voraussetzungen ...

FÜR MEHR BÄM

Denn was wäre das Leben ohne Paaarty? Okay, langweiliger ... Aber vor allem auch weniger köstlich! Schließlich gibt es jede Menge Anlässe, um mal groß aufzutischen: Kinoabend, Freunde treffen, Gartenpartys – zusammen schmecken Fingerfood, Filmsnacks und frische Cocktails (natürlich auch ohne Hicks!) einfach viiiiiiel besser.

Also, worauf warten wir noch?
Ab in die Küche und an die Töpfe, fertig, los!

TIPPS & TRICKS
per Video von unseren Genussexperten

DIE ULTIMATIVE KOCH-WG:
MIT IHRER HILFE ROCKST DU JEDES REZEPT

 www.youtube.com/yumtamtam

Genussmomente

DOPPELT GUT:
MIT JULIA & KEV DIE FREUDE AM KOCHEN NEU ENTDECKEN

 www.edeka.de/genussmomente

DIE SIND RICHTIG HEISS AUFS KOCHEN . . .

Felicitas, Felix und Melissa bilden das Team von yumtamtam, dem Online-Koch-kanal von EDEKA auf YouTube. Und sie sind überzeugt, dass wirklich jeder in der Küche was draufhat. In ihren Videos auf www.youtube.com/yumtamtam präsentieren sie einfach nachzumachende und hammer-leckere Rezepte. Für COOK BOOM BÄM haben sie ihre ultimativen Lieblingsvideos verraten. Die Links dazu stehen direkt bei den jeweiligen Rezepten.

DIE GENUSSPROFIS MIT SUPERSPASS-FAKTOR . . .

Kev und Julia sind echte Profis, wenn es ums Kochen geht. Dass sie dabei auch noch jede Menge Spaß haben, kann jeder sehen, der ihre Genuss-momente-Videos auf www.edeka.de anklickt. Und wer Lust auf noch mehr Koch-Skills hat und sich von ihrer guten Laune anstecken lassen will, der findet in diesem Buch die Links zu den besten Rezepten der beiden.

INHALT

FOODHACK

GEWUSST WIE!
Für jede Lebens- und Kochlage gewappnet: Den Küchenprofitipps sei Dank! Das Icon steht immer direkt neben den Rezepten.

F&A

COOK

AAAAAAAHHH WIE ALLTAG

MUSS MAN DAS WIRKLICH ALLES WISSEN?

Neeee, aber es ist gut, wenn man weiß, wo die besten Antworten auf die wichtigsten Essens- und Kochfragen stehen. Welche Kartoffelsorte ist wofür geeignet? Welchen Kürbis verwandelt man in eine 1a-Suppe? Überall dort, wo ihr dieses Zeichen seht, wird aus einem „Hä?" ganz schnell ein „Ach so!".

BOOM

ENDLICH WOCHENENDE

Sterne zu vergeben!

    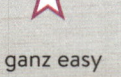

Lieblingsessen lassen sich jetzt ganz easy markieren: Dazu je nach Beliebtheit einfach die entsprechende Menge der Sterne am Seitenrand farbig ausmalen.

BAM

WOHOO! PAAAARTY-ZEIT

Diese Icons zeigen, ob ein Rezept vegan, vegetarisch, gluten- oder laktosefrei ist:

VEGAN VEGETARISCH GLUTENFREI LAKTOSEFREI

AHA!   SO IST DAS ALSO

Unter jedem Rezept sind die Nährwertangaben des Gerichts angegeben. E steht dabei für Eiweiß, F für Fett, KH für Kohlenhydrate und KCAL für den Kaloriengehalt.

WIR HABEN
HUNGER
Hunger
HUNGER .... HABEN

ok, ist denn gerade...
...MORGENS?

Haselnuss-
GRANOLA S.15

Ja

ÄÄH.
KEINE
AHNUNG

Muffins
FÜR
VERKNALLTE
S. 135

LiLA
smoothie
vitamin   S. 17

ODER
knusprig?

IST GERADE
WOCHEN-
ENDE?

LIEBER
Beerig?

NÖ.

Ja!
GEIL!

LEG DICH
NOCH MAL
HIN.

QUINOA
SUSHi
S. 175

Langschläfer-
Frühstück
S. 84

NO.
Vampire
chicken
S. 107

WOK
S. 74
ME UP

WAS DARF'S
DENN SEIN?

UND NACH?
DER PARTY

PAAARTY-
salate
S. 156

DURST. → **DAS KLEINE SCHLÜRF-1×1**  S. 164

NÖ. → ...mittags?

Ja, aber wir haben nur einen Topf...

ONE POTs S. 55

...ABER ICH WARTE NOCH AUF EINEN ANRUF, ALSO HOFFENTLICH, VIELLEICHT...

ICH WILL KUCHEN!

Nee.

DER ULTIMATIVE Cheese cake S. 139

JAA

...nachmittags?

FIX & FERTIG S. 34

EIGENTLICH WOLLTE ICH NOCH ZUM SPORT.

PFANNKUCHEN WERFEN S. 46

NEIN, ABENDS, ABER...

FÜR VEGGIES Bitte!

ICH HAB SO BOCK AUF PAAARTY!

AU JA, FINGERFOOD

Nö, lieber KINO

GEIL!

ES MUSS **SCHNELL** GEHEN!

ES SOLL WAS HERMACHEN

POPCORN DE LUXE S. 181

MICH GRUSELT ES NOCH SO VOM KINOABEND.

ANGEL AUSWERFEN! Es gibt FISCH S. 114

FALAFEL MIT DIP-PARADE S. 149

VORRATS-BASICS

HUUUNGER! JETZT!
Zum Glück sind spontane Familien-Koch-aktionen mit diesen Küchen-Basics und ein paar frischen Zutaten kein Problem mehr

TROCKEN-FRÜCHTE

· Aprikosen
· Cashewkerne
· Chiasamen
· Cranberrys
· Erdnüsse
· Gojibeeren
· Haselnüsse (ganz und gemahlen)
· Leinsamen
· Mandeln
· Pinienkerne
· Pistazien
· Sesamsaat
· Sonnenblumenkerne
· Walnusskerne

GETREIDE & HÜLSENFRÜCHTE

· Amaranth
· Bulgur
· Couscous
· Haferflocken
· Hartweizengrieß
· Quinoa
· Rote Linsen
· Paniermehl
· Weichweizengrieß
· Weizenmehl Type 405

REIS & NUDELN

· Basmati-/Jasminreis
· Glasnudeln
· Makkaroni
· Mie-Nudeln
· Muschelnudeln
· Penne
· Spaghetti
· Spirelli
· Suppennudeln

ESSIG, ÖL & SAUCEN

· Aceto Balsamico
· Bratöl (Pflanzenöl zum Braten und Frittieren)
· Ketchup
· Kürbiskernöl
· Olivenöl
· Sesamöl
· Sojasauce
· Sonnenblumenöl
· Weißweinessig

GLÄSER & KONSERVEN

· Erdnussbutter
· Geschälte Tomaten
· Kapern
· Kidneybohnen
· Kokosmilch
· Mais
· Mandelmus
· Passierte Tomaten
· Pesto
· Salatmayonnaise
· Thunfisch

SÜSSES & BACKZUTATEN

· Ahornsirup
· Backpulver
· Brauner Zucker
· Honig
· Kakaopulver
· Kuvertüre
· Puderzucker
· Speisestärke
· Trockenhefe
· Vanillezucker
· Weißer Zucker

GEWÜRZE

· Chilipulver
· Curry
· Fenchelsamen
· Gemüsebrühe
· Kardamom, gemahlen
· Kräuter der Provence
· Kreuzkümmel, gemahlen
· Kurkuma
· Lorbeerblätter
· Meersalz
· Muskatnuss
· Nelken
· Paprikapulver
· Pfefferkörner
· Salz
· Sambal Oelek
· Senf
· Tomatenmark
· Zimt

AAAAAAAHHH WIE

ALLTAG

Hey, Alltag! Machst du schon wieder Stress am frühen Morgen? Den kannste dir schenken. Denn ab jetzt bleiben alle supercool - mit den besten Mitteln gegen den Morgäähn, Snacks für auf die Hand und selbst gemachten Fast-Food-Ideen, die auch noch irre gut schmecken. Ha! Kochen in der Woche geht nämlich auch lässig!

MORGÄÄÄHN

Rrrrring-rrrrring macht
der Wecker, njam-njam machen
die Morgenmuffel

Grüne
Smoothie-
Bowl
S. 15

overnight-
oats
S. 14

Haselnuss-
Amaranth-
Granola
S. 15

OVERNIGHT-OATS

mit Himbeeren und Aprikosen

1 PORTION | 15 MINUTEN (PLUS QUELLZEIT ÜBER NACHT)

- 3 getrocknete Aprikosen
- 50 g grobe Haferflocken
- 1 Prise gemahlener Zimt
- 125 ml Milch (alternativ Mandel-, Reis- oder Hafermilch)
- ½ Apfel
- 100 g Himbeeren
- 1 Aprikose
- 1 EL flüssiger Honig
- 1 EL Zitronensaft
- 20 g Mandelblättchen

1. Getrocknete Aprikosen fein würfeln. Haferflocken, Zimt und Aprikosen mischen. In ein Weckglas füllen und mit der Milch aufgießen. Über Nacht mit geschlossenem Deckel in den Kühlschrank stellen.
2. Haferflocken morgens aus dem Kühlschrank nehmen. Den Apfel waschen, entkernen und würfeln. Himbeeren und Aprikose waschen. Aprikose in Spalten schneiden. Mit den Beeren, Honig und Zitronensaft mischen. Beeren-Apfelmischung auf den Oats verteilen.
3. Mandelblättchen in einer Pfanne ohne Fett anrösten und über die Oats streuen.

PRO PORTION: CA. 580 KCAL, 18 G E, 20 G F, 78 G KH

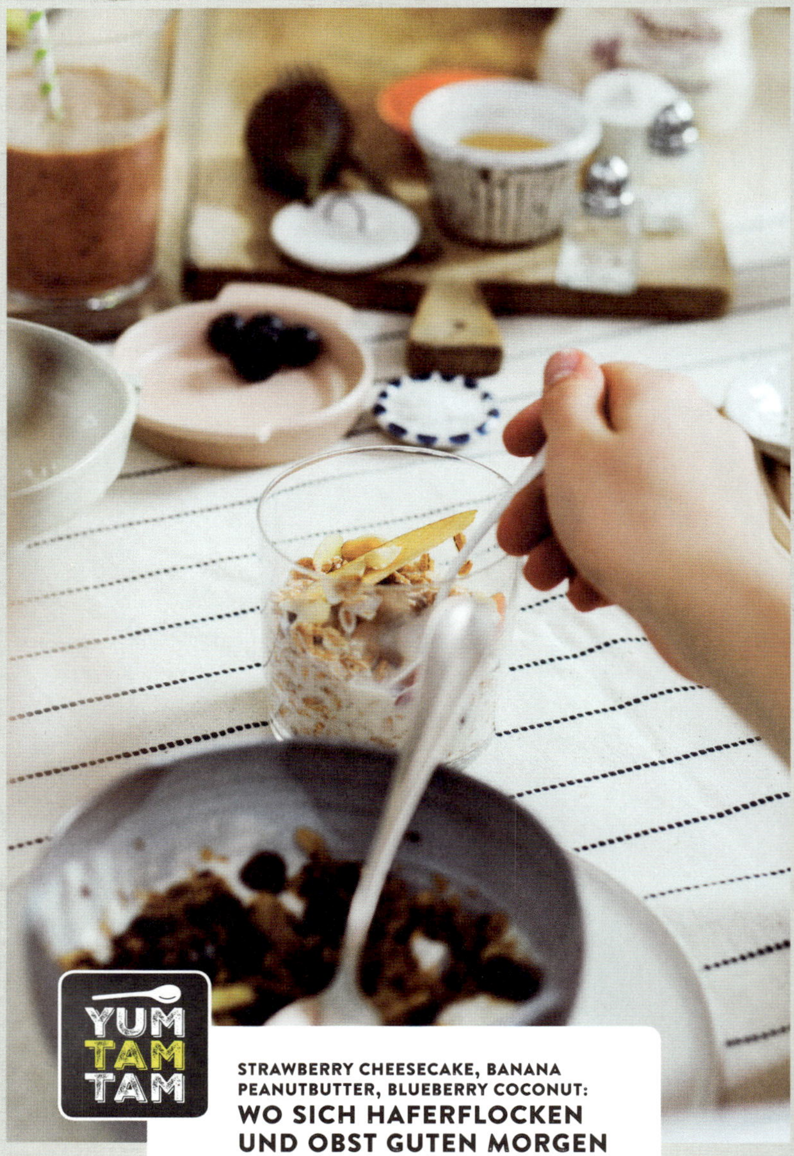

YUM TAM TAM

STRAWBERRY CHEESECAKE, BANANA PEANUTBUTTER, BLUEBERRY COCONUT:

WO SICH HAFERFLOCKEN UND OBST GUTEN MORGEN SAGEN, WIRD'S LECKER

www.yumtamtam.de/overnight-oats/

HASELNUSS-AMARANTH-GRANOLA

mit Cranberrys

👤 CA. 14 PORTIONEN | 🕐 45 MINUTEN

- 100 g Kokosöl
- 100 g Vollkorn-Haferflocken
- 50 g gepufftes Amaranth
- 4 EL Leinsamen
- 50 g Mandelstifte
- 100 g gehackte Haselnüsse
- 2 EL gemahlener Zimt
- 3 EL flüssiger Honig
- 100 g getrocknete Cranberrys

1. Backofen auf 170 Grad (Umluft 150) vorheizen. Kokosöl in einem kleinen Topf erwärmen. Haferflocken, Amaranth, Leinsamen, Mandeln, Haselnüsse, Kokosöl, Zimt und Honig miteinander in einer Schüssel vermischen. Ein Backblech mit Backpapier auslegen und die Mischung darauf verteilen.
2. Auf der mittleren Schiene des vorgeheizten Backofens 10–12 Minuten backen. Dabei gelegentlich wenden. Nach Ende der Garzeit aus dem Ofen nehmen und abkühlen lassen. Cranberrys unter das abgekühlte Granola mischen.
3. In ein Vorratsglas füllen und in den nächsten 2 Wochen verbrauchen. Passt hervorragend zu Joghurt, Quark und Obstsalaten.

⊘ ⊘ | PRO PORTION: CA. 205 KCAL, 4 G E, 15 G F, 8 G KH

GRÜNE SMOOTHIE-BOWL

mit Feldsalat und Gojibeeren

👤 1 PORTION | 🕐 15 MINUTEN

- 1 Banane
- 1 Kiwi
- 100 g Feldsalat
- 100 ml Mandeldrink
- 1 EL Mandelmus
- 1 TL Chiasamen
- 2 EL feine Haferflocken
- 7 Brombeeren
- 1 EL Gojibeeren
- 1 EL Cashewkerne

Banane und Kiwi schälen und in Scheiben schneiden. Hälfte der Scheiben für die Deko beiseitelegen. Bananen- und die Hälfte der Kiwischeiben, Feldsalat, Mandeldrink, Mandelmus, Chiasamen und Haferflocken im Mixer fein pürieren. In eine Schale füllen und die restlichen Zutaten jeweils in einem Streifen auf dem Smoothie dekorieren.

 | PRO PORTION: CA. 510 KCAL, 14 G E, 21 G F, 64 G KH

GRÜNER SMOOTHIE

mit Spinat

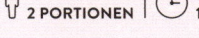 2 PORTIONEN | 🕐 10 MINUTEN

· 2 Kiwis
· ½ Avocado
· 1 Gurke
· 1 Apfel
· 1 Handvoll Spinatblätter
· 2 Zweige Minze
· 1 EL Zitronensaft
· 100 ml Wasser

Kiwis schälen. Avocado entsteinen und
das Fruchtfleisch herauslösen. Gurke waschen und
in grobe Stücke zerteilen. Apfel waschen, entkernen und in grobe Stücke schneiden. Alles mit den
restlichen Zutaten im Mixer fein pürieren. Falls der
Smoothie zu dickflüssig ist, nach Belieben noch
etwas Wasser hinzufügen.

  | PRO PORTION: CA. 230 KCAL, 4 G E, 13 G F, 22 G KH

LILA SMOOTHIE

mit Beeren

 2 PORTIONEN | 🕐 10 MINUTEN

· 1 Banane
· 3 Pflaumen
· 50 g Brombeeren
· 50 g Heidelbeeren
· 10 g Ingwer
· 40 g Mandeln
· 2 EL Joghurt
· 1 EL Honig
· 1 EL Zitronensaft
· 200 ml Wasser

Banane schälen. Pflaumen waschen, halbieren
und entsteinen. Brombeeren und Heidelbeeren
waschen. Ingwer schälen. Alles mit den restlichen
Zutaten im Mixer fein pürieren. Falls der Smoothie zu dickflüssig ist, nach Belieben noch etwas
Wasser hinzufügen.

  | PRO PORTION: CA. 280 KCAL, 6 G E, 12 G F, 35 G KH

DEr Toastbaukasten:
unten knusprig – oben sweet

Einfach eine Zutat pro Spalte aussuchen und nach Belieben kombinieren,
denn diese süßen Kombis passen einfach alle zusammen

süß

AUS DEM TOASTER	ZUM BESTREICHEN	ON TOP	I-TÜPFELCHEN
Baguette	Erdnussbutter	Apfel	Açavendicksaft
Brötchen	Frischkäse	Aprikosen	Ahornsirup
Fladenbrot	Mandelmus	Birne	Honig
Kastenbrot	Quark	Brombeeren	Minze
Roggenbrot	Schichtkäse	Feigen	Vanille
Sandwichtoast	Ziegenfrischkäse	Himbeeren	Zimt
Vollkornbrot		Johannisbeeren	
Vollkorntoast		Mango	
		Nektarine	
		Papaya	
		Pfirsich	
		Pflaumen	

BANANA-TOAST

mit Frischkäse

🧍 2 STÜCK | 🕐 5 MINUTEN

- 2 Scheiben Toastbrot
- 2 EL Frischkäse
- 1 Banane
- 1 EL Honig

Toastbrotscheiben toasten und mit Frischkäse
bestreichen. Banane schälen und in dünne Scheiben schneiden. Bananenscheiben auf dem Toast
verteilen. Mit Honig beträufeln.

Tipp: Heidelbeeren und Feigen sind superleckere
Alternativen. Siehe auch den Baukasten oben.

 | PRO STÜCK: CA. 400 KCAL, 8 G E, 8 G F, 72 G KH

Der Toastbaukasten: jeder Biss ein Treffer

Auch bei den herzhaften Zutaten gilt: Egal wie oder was – es schmeckt immer!

Herzhaft

AUS DEM TOASTER	ZUM BESTREICHEN	ON TOP	I-TÜPFELCHEN
Baguette	Auberginenmus	Auberginenwürfel	Balsamicocreme
Brötchen	Coleslaw	Gurkenscheiben	Bärlauch
Fladenbrot	Frischkäse	Kohlrabischeiben	Basilikum
Kastenbrot	Hummus	Möhrenraspel	Meersalz
Roggenbrot	Oliven-Tapenade	Paprikastreifen	Oregano
Sandwichtoast	Pesto	Radicchiostreifen	Pfeffer aus der Mühle
Vollkornbrot	Quark	Radieschenscheiben	Röstzwiebeln
Vollkorntoast	Senf	Tomatenscheiben	Schnittlauch
	Streichkäse	Zucchinistreifen	Sprossen
	Tahin		Thymian

AVOCADO-TOAST

mit Schafskäse

👤 2 STÜCK | 🕐 10 MINUTEN

- 1 Avocado
- 1 EL Zitronensaft
- ⅓ Baguette
- ½ Knoblauchzehe
- 4 EL Frischkäse
- ½ Tomate
- 50 g Schafskäse
- Salz, Pfeffer
- 6 Blätter Basilikum

1. Avocado halbieren, entkernen und in Scheiben schneiden. Mit Zitronensaft beträufeln.
2. Baguette halbieren und mit Knoblauch einreiben. Mit je 2 EL Frischkäse bestreichen. Tomate entkernen und fein würfeln. Schafskäse fein würfeln. Baguette mit Avocadoscheiben belegen, Schafskäse und Tomatenwürfel hinzufügen. Mit Salz und Pfeffer würzen und mit Basilkum bestreuen.

Tipp: Hummus, Tomaten und Kresse sind superleckere Alternativen. Siehe auch den Baukasten links.

 | PRO STÜCK: CA. 400 KCAL, 14 G E, 27 G F, 24 G KH

FOODHACK

RETTET DEN KERN!
Denn der bewahrt die Avocado vor dem Braunwerden — wenn er in der übrig gebliebenen Frucht drinbleibt! Funktioniert auch bei Guacamole: einfach den Kern in die Schüssel geben!

MAX
Warum fallen Marmeladentoasts immer auf die Marmeladenseite?

PAPA
Hey, ich sitze im Büro, und das ist Physik, keine Ahnung.

MAX
Nee, das ist Frühstück, das musst du doch wissen!

PAPA
Okay, es liegt an der Toastgröße.

MAX
😳 Großer Toast = große Sauerei?

PAPA
Wäre er kleiner, würde er sich schneller drehen und auf der trockenen Seite landen.

MAX
Genial. Das probier ich aus ...

PAPA
Max?! Äh, aber jetzt nicht die ganzen Toasts ...

PAPA
Max!!!!!

Verpasster Sprachanruf um 09:45

MÜSLI-MIXER

Mein Müsli-Mixer mixt
fixe Müslis. Fix mixt
der Mixer Müsli-Mixe.
Fixe Müsli-Mixe mixt
mein Müsli-Mixer

KIWI

BEEREN

ANANAS

Creme

SOJA JOGHURt

QUARK

Joghu
EDEKA Bio
JOGHURt

MANDEL MUS

Mü

TROCKEN-FRÜCHTE

DATTELN

BANANEN

APRIKOSEN

ROSINEN

NÜ

MANDELN

WALNÜSS

EDEKA
PFLAUMEN

KIRSCHEN

EDEKA
HASEL NUSS KERNE

22

ÄPFEL

ORANGEN

PFIRSICH

RISCHE
RÜCHTE

SÄFTE
& MILCH

laktosefrei

BIO

milch 1L

MANDEL MILCH

APFEL SAFT

ORA

LI

GETREIDE

QUINOA

CHIASAMEN

GESCHROTETES
GETREIDE

SÜßE

EDEKA BIO
AHORN SIRUP

AGAVEN SIRUP

HONIG

HAFER

HAFER FLOCKEN

RANÜSSE

23

Grüner Salat mit Granat-apfel, Tomate und Bulgur
S. 27

Quinoa-Salat mit Avocado, Feigen und Fetakäse
S. 27

EINMAL ALLES ZUM MITNEHMEN, BIDDE!

Jetzt gibt es gute Laune to go für
kleine und große Pausen in Schule und Büro

Glasnudel-
salat
mit Erdnüssen,
Hähnchen
und Gemüse
S. 26

GLASNUDEL-SALAT

mit Erdnüssen, Hähnchen und Gemüse

👤 1 PORTION | 🕐 30 MINUTEN

Für den Salat:
- 75 g Glasnudeln
- 1 Hähnchenbrust
- 1 EL Öl
- Salz, Pfeffer
- ½ TL Paprikapulver
- 50 g gesalzene, geröstete Erdnüsse
- 2 Salatblätter
- 1 Möhre
- ½ rote Paprika
- ½ Bund Koriander
- 1 EL frische Sprossen

Für das Dressing:
- 2 EL Sesamöl
- 1 EL Erdnussbutter
- 1 EL Limettensaft
- 1 EL Sojasauce
- 1 TL flüssiger Honig

1. Glasnudeln mit kochendem Wasser überbrühen und 10 Mi-nuten garziehen lassen, danach kalt abschrecken. Hähnchen-brust waschen, trocken tupfen und in Streifen schneiden. Öl in einer Pfanne erhitzen und Hähnchenbrust darin anbraten. Mit Salz, Pfeffer und Paprikapulver würzen.
2. Erdnüsse grob hacken. Alle frischen Zutaten waschen. Salat-blätter in mundgerechte Stücke zupfen. Möhre schälen und raspeln. Paprika in Streifen schneiden. Koriander abzupfen und grob hacken.
3. Glasnudeln, Hähnchenbrust, Erdnüsse, Möhrenraspel, Salat, Sprossen, Paprika und Koriander in ein Vorratsglas oder eine Frischhaltebox schichten.
4. Für das Dressing Sesamöl, Erdnussbutter, Limettensaft, Sojasauce und Honig mit einem Pürierstab in einem hohen Gefäß fein mixen. Dressing in ein kleines Schraubglas füllen. Vor dem Servieren: Salat auf einen Teller geben, Dressing gut schütteln, auf den Salat geben und gut vermischen.

🚫 | PRO PORTION: CA. 1205 KCAL, 57 G E, 69 G F, 85 G KH

GRÜNER SALAT

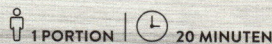

👤 1 PORTION | 🕐 20 MINUTEN

mit Granatapfel, Tomate und Bulgur

Für den Salat:
- 60 g Bulgur
- 150 ml Instant-Gemüsebrühe
- ¼ Granatapfel
- 1 Tomate
- 50 g Gouda
- 7 Blätter grüner Salat

Für das Dressing:
- 2 EL Olivenöl
- 1 TL Feigensenf
- 1 TL flüssiger Honig
- 1 EL Zitronensaft
- Salz, Pfeffer

1. Bulgur mit der heißen Gemüsebrühe übergießen und 10 Minuten quellen lassen. Inzwischen Granatapfelkerne herauslösen. Tomate und Gouda fein würfeln. Salatblätter waschen, abtropfen lassen und grob hacken. Alle Zutaten vermischen und in ein Vorratsglas oder eine Frischhaltebox füllen.
2. Für das Dressing Olivenöl, Senf, Honig, Zitronensaft, Salz und Pfeffer verrühren. Dressing in ein kleines Schraubglas füllen. Kurz vor dem Servieren gut durchschütteln und mit dem Salat vermischen.

🌱 | PRO PORTION: CA. 660 KCAL, 20 G E, 39 G F, 56 G KH

QUINOA-SALAT

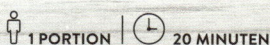

👤 1 PORTION | 🕐 20 MINUTEN

mit Avocado, Feigen und Fetakäse

Für den Salat:
- 60 g Quinoa
- 200 ml Instant-Gemüsebrühe
- 1 Avocado
- 2 Feigen
- 3 Zweige Petersilie
- 100 g Fetakäse

Für das Dressing:
- 3 EL Joghurt
- 1 EL Olivenöl
- 1 TL Tomatenmark
- 1 TL flüssiger Honig
- 1 EL Zitronensaft
- Salz, Pfeffer

1. Quinoa in Gemüsebrühe 10 Minuten kochen. Abkühlen lassen. Avocado halbieren, entsteinen und in Würfel schneiden. Feigen waschen und in Spalten schneiden. Petersilie waschen und hacken. Fetakäse zerbröckeln. Alle Zutaten schichtweise in ein verschließbares Glas füllen.
2. Für das Dressing Joghurt, Olivenöl, Tomatenmark, Honig, Zitronensaft, Salz und Pfeffer verrühren. Dressing in ein kleines Schraubglas füllen. Kurz vor dem Servieren gut durchschütteln und mit dem Salat vermischen.

🌱 🚫 | PRO PORTION: CA. 925 KCAL, 33 G E, 64 G F, 54 G K

FLAPJACKS

mit sonnenblumenkernen, Aprikosen und Mandeln

👤 CA. 20 STÜCK | 🕐 25 MINUTEN (PLUS BACKZEIT)

- 75 g getrocknete Aprikosen
- 50 g Sonnenblumenkerne
- 50 g gehackte Mandeln
- 250 g feine Haferflocken
- 200 g grobe Haferflocken
- 2–3 EL Zitronensaft
- 200 g brauner Zucker
- 50 g Honig
- 350 g Butter

1. Backofen auf 160 Grad (Umluft 140) vorheizen. Aprikosen fein würfeln und mit Sonnenblumenkernen, Mandeln, Haferflocken, Zitronensaft und Zucker in einer Rührschüssel vermischen. Honig und Butter in einem Topf zerlassen. Etwas abkühlen lassen und zu der Mischung hinzufügen. Alle Zutaten gut vermengen.
2. Backblech mit Backpapier auslegen und die Masse gleichmäßig ca. 1 cm dick verteilen.
3. Im heißen Backofen 25 Minuten goldbraun backen. Aus dem Ofen nehmen und in 20 Riegel schneiden. Abkühlen lassen.

Tipp: Die Riegel halten sich ca. 2 Wochen im Kühlschrank.

 | PRO STÜCK: CA. 300 KCAL, 4 G E, 19 G F, 28 G KH

ENERGY-BALLS

mit chiasamen

👤 CA. 20 STÜCK | 🕐 30 MINUTEN

- 10 Datteln
- 75 g getrocknete Aprikosen
- Schale von einer ½ Bio-Orange
- 200 g gemahlene Mandeln
- 1 EL Kakaopulver
- 1 Prise Salz
- 1 EL Chiasamen
- 1–2 Päckchen Vanillezucker (nach gewünschter Süße)
- 100 g Mandelblättchen

1. Datteln entsteinen und diese mit den Aprikosen fein hacken. Orange heiß abwaschen, gut abtrocknen und die Hälfte der Schale auf der feinen Seite der Küchenreibe abreiben.
2. Datteln, Orangenschale, Aprikosen, gemahlene Mandeln, Kakaopulver, 1 Prise Salz, Chiasamen und Vanillezucker vermischen. 15 Minuten ruhen lassen.
3. Aus der Masse 20 kleine Bällchen formen und in den Mandelblättchen wälzen, sodass sie gleichmäßig ummantelt sind. In einer kleinen Dose mit in die Schule, ins Büro oder mit zum Sport nehmen.

Tipp: Die Balls halten sich ca. 2 Wochen im Kühlschrank.

 | PRO STÜCK: CA. 135 KCAL, 3 G E, 9 G F, 10 G KH

Bauern-
Stulle

Garten-
Stulle

Braini-
Stulle

BAUERN-STULLE
mit Radieschen und Bergkäse

👤 1 STULLE | 🕐 5 MINUTEN

- 4 Radieschen
- 2 Salatblätter
- 2 Scheiben Roggenbrot
- 10 g Butter
- 1 TL grobkörniger Senf
- 1 Scheibe Bergkäse
- 1 Scheibe Bauernschinken

Radieschen waschen und in Scheiben schneiden. Salatblätter waschen und abtropfen lassen. Beide Brotscheiben mit Butter und Senf bestreichen. Käse, Schinken, Salatblätter und Radieschen auf dem Brot verteilen. Brot zusammenklappen und in Butterbrotpapier einwickeln. Oder in die Lieblingsdose legen.

PRO STULLE: CA. 290 KCAL, 11 G E, 17 G F, 25 G KH

GARTEN-STULLE
mit Hummus und Kresse

👤 1 STULLE | 🕐 5 MINUTEN

- ½ Möhre
- 2 EL gesalzene Erdnüsse
- ¼ Beet Kresse
- 2 Scheiben Vollkornbrot
- 2 EL Hummus
- 2 Salatblätter
- 1 EL frische Sprossen

Alle frischen Zutaten waschen. Möhre schälen und grob raspeln. Erdnüsse grob hacken. Kresse vom Beet schneiden. Brotscheiben mit Hummus bestreichen. Möhrenraspel, Kresse, Salatblätter, Sprossen und Erdnüsse auf der Stulle verteilen. In Papier einwickeln und in die Schul- oder Bürotasche packen.

 | PRO STULLE: CA. 370 KCAL, 16 G E, 18 G F, 13 G KH

BRAINI-STULLE
mit Schinken und Ei

👤 1 STULLE | 🕐 15 MINUTEN

- 1 Ei (Größe M)
- 50 g tiefgekühlte Erbsen
- Salz, Pfeffer
- 1 EL Zitronensaft
- 1 Tomate
- 2 Scheiben Kürbiskernbrot
- 10 g Butter
- 1 Scheibe Kochschinken

Das Ei 7 Minuten kochen, danach kalt abschrecken. Pellen und in Scheiben schneiden. Erbsen mit kochendem Wasser übergießen, 3 Minuten ziehen lassen, abgießen und mit einer Gabel zerdrücken. Mit Salz, Pfeffer und Zitronensaft würzen. Tomate waschen und in Scheiben schneiden. Brotscheiben mit Butter bestreichen. Erbsenpüree darauf verteilen. Kochschinken, Ei-Scheiben und Tomaten darauflegen. Zuklappen und in Butterbrotpapier wickeln.

PRO STULLE: CA. 340 KCAL, 16 G E, 15 G F, 33 G KH

GRAUBROT KRÜMLER

1.

Zeig mir deine Brotdose, und ich sage dir, wer du bist!

CRAZY LUNCH-TYPEN

ROHKÖSTLERIN

2.

1. Der Minimalist unter den Brotdöslern. Eine ehrliche Scheibe Butterbrot ist für ihn das Größte, und damit ist er nicht allein. Kein Wunder bei über 300 deutschen Brotsorten! Das klassische Graubrot ist eigentlich ein Mischbrot aus Weizen- und Roggenmehl. Aber das Brötchenrezept von Seite 89 findet unser Krümler auch ganz gut.

2. Schon als kleines Kind mümmelte sie lieber Möhrchen als Mandelkekse, was ihre Mutter sehr begrüßte. Seitdem geht sie nicht ohne Kohlrabi, Paprika und Apfelschnitze aus dem Haus. Manchmal wäre sie gern ein Hase, würde das aber niemals laut sagen. Am besten gefällt ihr unsere Dip-Seite 155.

KEINE LUST AUFS KANTINENESSEN? FÜNF
TOLLE IDEEN FÜR DIE LUNCHBOX:
REZEPTE FÜR
MITTAGESSEN TO GO

▶ www.yumtamtam.de/to-go-rezepte/

JOGHURTINE

3. Für sie gehört der Löffel zu jeder Pause
dazu. Ob in der Schule oder im Büro, die
Gute taucht nicht ohne ihren Becher auf. Dabei
mag sie am liebsten die Kombi aus purem Joghurt
und frischen Toppings. Kein Wunder, dass sie so
auf unsere Obstsalate auf den Seiten 94 und 95
abfährt. Angeblich bröselt sie auch heimlich unsere Flapjacks (Seite 29) drüber, also Leute gibts ...

3.

BENTOBÄR

4.

4. Seine Brotdosen sind wahre
Kunstwerke. Keiner schafft es
so wie er, aus einem Würstchen und
drei Salzstangen den Eiffelturm zu
legen oder Quinoa ins Algenblatt zu
zwirbeln (Seite 175). Das hat er sich
von den Japanern abgeguckt, der
verrückte Typ. Im Internet postet er
unter dem Hashtag #bentoart die
verrücktesten Bilder.

FIX & FERTIG

An die Töpfe, fertig, los:
Alle Zutaten für diese
Gerichte sind ruck, zuck
fertig geschnippelt
und vorbereitet!

Weltbester
Makkaroni-
Auflauf
S. 36

F&A

UND WAS WIRD AUS DEM REST?

Kartoffeln vom Vortag, kalter Blumenkohl, eine angeschnittene Paprika, abgespannte Lauchzwiebeln aus dem Gemüsefach — sie alle haben jetzt ein neues Ziel: die Auflaufform. Einfach alles rein damit. Milch und Eier miteinander verschlagen und drübergießen, geriebenen Käse drauf und ab in den Ofen damit. Nach dem Backen noch frisches Kraut drauf, und zack, fertig ist die Resteküche.

WELTBESTER MAKKARONI-AUFLAUF

mit Brokkoli

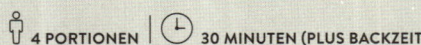

👤 4 PORTIONEN | 🕐 30 MINUTEN (PLUS BACKZEIT)

- 1 Stange Lauch
- 1 Brokkoli
  (alternativ Blumenkohl, Romanesco)
- 3 EL Olivenöl
- Salz, Pfeffer
- 250 g Makkaroni
- 150 ml Milch
- 200 ml Sahne
- 250 ml Instant-Gemüsebrühe
- 2 EL Speisestärke
- 250 g geriebener Gouda
- frisch geriebene Muskatnuss
- 10 g Butter zum Fetten
- 1 Bund Schnittlauch

1. Lauch waschen und in Ringe schneiden. Brokkoli waschen und in Röschen teilen. Öl erhitzen, Lauch 5 Minuten darin braten. Mit Salz und Pfeffer würzen.
2. Nudeln in Salzwasser 7 Minuten bissfest garen. Nach 3 Minuten Brokkoliröschen hinzufügen. Nudeln mit Brokkoli abgießen und kalt abschrecken. Backofen auf 200 Grad (Umluft 180) vorheizen.
3. Milch, Sahne und Brühe aufkochen. Speisestärke mit 3 EL kaltem Wasser verrühren. In die Sauce einrühren und aufkochen lassen. Die Hälfte des Käses hinzufügen. Mit Salz, Pfeffer und Muskatnuss würzen. Nudeln, Brokkoli, Lauch und Sauce vermischen.
4. Feuerfeste Form fetten. Nudelmischung einfüllen und mit restlichem Käse bestreuen. Im heißen Ofen 20–25 Minuten backen. Schnittlauch waschen, in Röllchen schneiden und darüberstreuen.

 | PRO PORTION: CA. 760 KCAL, 29 G E, 45 G F, 60 G KH

KARTOFFEL-HACK-AUFLAUF

mit Feta

4 PORTIONEN | **30 MINUTEN (PLUS BACKZEIT)**

- 1,2 kg große Kartoffeln
- 2 rote Zwiebeln
- 4 Tomaten
- 4 EL Sonnenblumenöl
- 3 EL mediterrane Tomatenpaste (siehe Rezept S. 41)
- 650 g gemischtes Hackfleisch
- Salz, Pfeffer
- 1 TL Paprikapulver
- 200 g Schmand
- 4 Eier (Größe M)
- 10 g Butter zum Fetten
- 200 g Fetakäse
- ½ Bund Petersilie

1. Kartoffeln schälen, waschen und in Scheiben schneiden. Zwiebeln schälen, in Ringe schneiden. Tomaten waschen, in Scheiben schneiden.
2. Öl in einer Pfanne erhitzen. Zwiebeln, Paste und Hack 6–8 Minuten darin braten. Mit Salz, Pfeffer und Paprikapulver würzen.
3. Backofen auf 200 Grad (Umluft 180) vorheizen. Schmand, Eier, Salz und Pfeffer gut verrühren. Feuerfeste Form mit Butter fetten. Kartoffeln, Tomaten und Hack in die Form einschichten. Schmandsauce gleichmäßig darauf verteilen.
4. Im heißen Ofen 30 Minuten garen. Fetakäse zerkrümeln. Nach 20 Minuten Garzeit auf den Auflauf streuen und zu Ende backen. Petersilie fein hacken und darüberstreuen.

 | PRO PORTION: CA. 1075 KCAL, 57 G E, 70 G F, 52 G KH

Tomaten-
paste
S. 41

DIY-
Gewürz-
paste
S. 39

DIY-GEWÜRZPASTE

mit Ingwer und Kurkuma

MEHR WUMMS FÜR DIE BRÜHE
Mit selbst gemachten Gewürzpasten (siehe links und auf Seite 41) kriegen Blitz-suppen, Eintöpfe und Wokgerichte ein schönes, kräftiges Aroma. Die Pasten lassen sich gut vorbereiten und in einem Einmachglas im Kühlschank 1–2 Wochen aufbewahren.

👤 CA. 200 G PASTE (1 GLAS) | 🕐 15 MINUTEN

- 50 g frische Ingwerwurzel
- 3 Knoblauchzehen
- 4 gehäufte EL Kurkuma
- 1 EL Paprikapulver
- 1 TL Salz
- 8 EL Sojasauce
- 150 ml Olivenöl

1. Ingwer schälen und auf der feinen Seite der Küchenreibe reiben. Knoblauch schälen und durch eine Knoblauchpresse drücken.
2. Kurkuma, Ingwer, Knoblauch, Paprikapulver, Sa z, Sojasauce und Olivenöl zu einer glatten Paste verrühren. In ein Vorrats-glas füllen und im Kühlschrank aufbewahren. Für die Suppen-rezepte verwenden.

Tipp: Passt auch zum Wirsingtopf auf Seite 79.

 | PRO PORTION (10 G): CA. 75 KCAL, 1 G E, 7 G F, 1 G KH

QUICKIE-NUDELSUPPE

mit DIY-Gewürzpaste

👤 4 PORTIONEN | 🕐 10 MINUTEN

- 800 ml Wasser
- 3 TL DIY-Gewürzpaste (siehe Rezept oben)
- 1 Prise Salz
- 200 g Suppennudeln
- 3 Zweige Petersilie

Wasser in einem Topf erhitzen, Gewürzpaste und Salz hinzufü-gen. Nudeln hineingeben und 6–8 Minuten zugedeckt kochen. Petersilie waschen, fein hacken und in die Suppe streuen.

 | PRO PORTION: CA. 210 KCAL, 7 G E, 3 G F, 38 G KH

MEDITERRANE TOMATENPASTE

mit Meersalz und Rosmarin

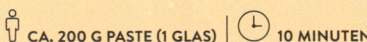 CA. 200 G PASTE (1 GLAS) | 🕐 10 MINUTEN

- 4 Knoblauchzehen
- 2 Zweige Rosmarin
- 200 g Tomatenmark
- 6 EL Olivenöl
- 2 TL Instant-Gemüsebrühe
- 2 TL Meersalz
- 4 TL getrocknete Kräuter der Provence

Knoblauch pellen und fein hacken. Rosmarin abzupfen, waschen und fein hacken. Mit den anderen Zutaten verrühren und in ein Glas füllen.

Tipp: Passt anstelle des Tomatenmarks auch zu den italienischen Rinderrouladen auf Seite 102.

  | PRO PORTION: CA. 20 KCAL, 0 G E, 2 G F, 1 G KH

ROTE LINSENSUPPE

mit Hack und Spinat

 4 PORTIONEN | 🕐 30 MINUTEN

- 1 Zwiebel
- 1 Knoblauchzehe
- 3 EL Sonnenblumenöl
- ½ TL Kreuzkümmelsaat
- 2 TL mediterrane Tomatenpaste (siehe Rezept oben)
- 200 g gemischtes Hackfleisch
- 300 g Rote Linsen
- 1,5 l Instant-Gemüsebrühe
- 80 g Spinat
- Salz, Pfeffer
- 2–3 EL Limettensaft

1. Zwiebel schälen und fein würfeln. Knoblauch schälen und fein hacken. Öl in einem Topf erhitzen, Zwiebeln, Knoblauch, Kreuzkümmel und Tomatenpaste darin anschwitzen. Hackfleisch hinzufügen und kräftig anbraten.
2. Rote Linsen hinzufügen. Mit Brühe aufgießen und bei geschlossenem Deckel 20 Minuten bei mittlerer Hitze kochen lassen. Dabei gelegentlich umrühren.
3. Spinat waschen, abtropfen lassen und grob hacken. Kurz vor Ende der Garzeit in die Suppe geben. Mit Salz, Pfeffer und Limettensaft abschmecken.

Tipp: Für die vegane Variante das Hackfleisch durch Soja-Hack oder grob geraspelten Blumenkohl ersetzen.

 | PRO PORTION: CA. 435 KCAL, 29 G E, 20 G F, 34 G KH

F&A

WELCHER KÜRBIS DARF'S DENN SEIN?

Als Alternative zum Hokkaido kann man auch Muskat-, Halloween- oder Butternutkürbisse verwenden. Aber Achtung, diese müssen unbedingt geschält werden! Spaghettikürbisse eignen sich aufgrund ihrer langen Fasern nicht für Suppen.

BEN
Was geht ab?

NILS
Die Schale vom Kürbis schon mal nicht.

BEN
Hä?

NILS
Ich bin heute dran mit Suppekochen.

BEN
Im Ernst?

NILS
Nee, im Kochtopf!

BEN

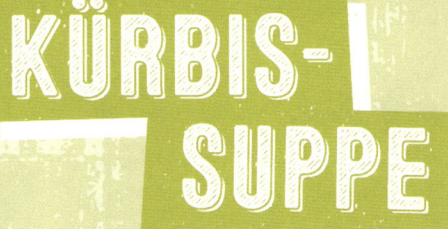

KÜRBIS-SUPPE

mit sonnen-blumenkernen

 4 PORTIONEN | 🕐 30 MINUTEN

- 1 Zwiebel
- 200 g Kartoffeln
- 400 g Hokkaido-Kürbis
- 3 EL Olivenöl
- 1 TL DIY-Gewürzpaste (siehe Rezept S. 39)
- 1 l Instant-Gemüsebrühe
- 150 ml Sahne
- Salz, Pfeffer
- 100 g Sonnenblumenkerne
- 2 EL Sojasauce
- 3 Zweige Petersilie
- 4 TL Kürbiskernöl

1. Zwiebel schälen und fein würfeln. Kartoffeln schälen, waschen und grob würfeln. Kürbis mit Schale vierteln, entkernen und in Stücke schneiden.
2. Öl in einem Topf erhitzen. Zwiebeln, Kartoffeln und Kürbis darin andünsten. DIY-Gewürzpaste unterrühren. Mit Gemüsebrühe und Sahne ablöschen. Zugedeckt bei mittlerer Hitze 15 Minuten kochen lassen. Suppe fein pürieren. Mit Salz und Pfeffer abschmecken.
3. Sonnenblumenkerne in einer Pfanne ohne Fett anrösten, mit Sojasauce ablöschen. Petersilie waschen, abtropfen lassen und fein hacken. Suppe mit Sonnenblumenkernen, Petersilie und Kürbiskernöl servieren.

Tipp: Hokkaido-Kürbis muss nicht geschält werden.

 PRO PORTION: CA. 480 KCAL, 11 G E, 40 G F, 19 G KH

OFENSCHLUPFER

mit Kirschen und Vanillesauce

👤 4 PORTIONEN | 🕐 20 MINUTEN (PLUS BACKZEIT)

· 3 Brötchen oder helles Brot vom Vortag
  (etwa 150 g)
· 4 Äpfel
· 2 EL Zitronensaft
· 200 g Speisequark (20 % Fett)
· 200 ml Milch
· 50 g Zucker
· 2 Päckchen Vanillezucker
· ½ TL gemahlener Zimt
· 4 Eier (Größe M)
· 10 g Butter zum Fetten
· 100 g tiefgekühlte Kirschen
· 3 EL Puderzucker zum Bestäuben
· 125 ml fertige Vanillesauce

1. Brötchen oder Brot in dünne Scheiben schneiden. Äpfel waschen und Kerngehäuse ausste-
   chen. Äpfel in dünne Scheiben schneiden und
   mit Zitronensaft vermischen.
2. Backofen auf 170 Grad (Umluft 150) vorheizen.
   Quark, Milch, Zucker, Vanillezucker, Zimt und
   Eier mit dem Schneebesen verrühren. Eine feuerfeste Form mit Butter fetten. Apfelscheiben,
   Kirschen und Brotscheiben einschichten. Mit
   der Quark-Ei-Mischung übergießen.
3. Ofenschlupfer im heißen Ofen 25 Minuten
   backen. Mit Puderzucker bestäuben und mit der
   Vanillesauce servieren.

🌿 | PRO PORTION: CA. 490 KCAL, 20 G E, 14 G F, 70 G KH

45

FLUGSTUDIE

Locker flockig aus dem Handgelenk – und dann wieder sanft landen, bitte schön!

1. WARTEN, BIS DER TEIG FEST IST.

2. PFANNE 45° NEIGEN

Pfannkuchen Grundrezept

👤 8 STÜCK | 🕐 20 MINUTEN

- 150 g Mehl (Weizen- oder Dinkelmehl)
- 1 Prise Salz
- 1 Prise gemahlener Zimt
- 40 g Zucker
- 250 ml Milch
- 2 Eier (Größe M)
- Zum Ausbacken 30 g Butter

Alle Zutaten in einer Schüssel mit einem Schnee-besen zu einem geschmeidigen Teig verquirlen. Eine Pfanne mit etwas Butter einreiben. Eine Kelle Teig in die Pfanne geben und verteilen. Pfannkuchen von beiden Seiten goldgelb backen. So fortfahren, bis der gesamte Teig verbraucht ist.

🌿 | PRO STÜCK: CA. 150 KCAL, 5 G E, 6 G F, 20 G KH

... mit Äpfeln

👤 4 PORTIONEN | 🕐 15 MINUTEN

- 2 Äpfel
- 1 EL Zitronensaft
- 30 g Zucker

Äpfel schälen, halbieren, entkernen und in Stücke schneiden. Mit Zitronensaft beträufeln. Zucker in einer Pfanne karamellisieren lassen. Apfelstücke hinzufügen und 5 Minuten darin dünsten, bis sich der Karamell gelöst hat. Abkühlen lassen und mit den Pfannkuchen servieren.

🌿 | PRO PORTION: CA. 180 KCAL, 5 G E, 6 G F, 27 G KH

4. FLUGDAUER:
1 SEKUNDE
BEI 16 km/h
**FLUG-
GESCHWINDIGKEIT**

5. AUFFANGEN.
FERTIG!

3. EIN SCHNELLER,
KLEINER RUCK AUS
DEM HANDGELENK

... mit Pfirsich und Schokoladensauce

👤 4 PORTIONEN | 🕐 20 MINUTEN

- 75 g Vollmilch-Kuvertüre
- 150 ml Milch
- 4 Pfirsiche
- 30 g Zucker
- 1 EL Zitronensaft
- 1 Päckchen Vanillezucker

1. Kuvertüre grob hacken. Milch in einem Topf erwärmen. Gehackte Schokolade darin schmelzen lassen. Mit einem Schneebesen gut verrühren und abkühlen lassen.
2. Pfirsiche waschen, entsteinen und in Spalten schneiden. Zucker, Zitronensaft, Pfirsichspalten und Vanillezucker in einem Topf erhitzen. Mit Pfannkuchen und Schokoladensauce servieren.

Tipp: Falls keine frischen Pfirsiche erhältlich sind, kann man Pfirsiche aus der Dose verwenden.

🌱 | PRO PORTION: CA. 250 KCAL, 6 G E, 10 G F, 36 G KH

... mit Brombeercreme

👤 4 PORTIONEN | 🕐 5 MINUTEN

- 250 g Speisequark (20 % Fett)
- 1 Päckchen Vanillezucker
- 1 EL Zitronensaft
- 3 EL flüssiger Honig
- 150 g Brombeeren

Quark, Vanillezucker, Zitronensaft und Honig verrühren. Brombeeren halbieren und unterheben. Mit den Pfannkuchen servieren.

Tipp: Wenn keine frischen Brombeeren erhältlich sind, tiefgefrorene Früchte auftauen und ersatzweise nehmen.

🌱 | PRO PORTION: CA. 215 KCAL, 9 G E, 27 G F, 2 G KH

PASTA, PIZZA & SO

Eine Nudel ist eine Nudel?
Nicht ganz. Manchmal
ist es auch eine Zudel. Oder
ein Gnocchi. Oder eine
Penne. Oder ...

Bunte Gnocchi
mit Brokkoli,
Mozzarella
und Kirsch-
tomaten
S. 50

BUNTE GNOCCHI

mit Brokkoli, Mozzarella und Kirschtomaten

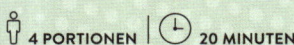 4 PORTIONEN | 20 MINUTEN

- 1 rote Zwiebel
- 1 Knoblauchzehe
- 500 g Brokkoli
- 300 g Kirschtomaten
- 3 EL Olivenöl
- 40 g Pinienkerne
- 600 g frische Gnocchi
- 3 EL Basilikum-Pesto
  (siehe Rezept S. 56)
- 250 g Mini-Mozzarellakugeln
- Salz, Pfeffer
- 1 Topf Basilikum

1. Zwiebel schälen und fein würfeln. Knoblauch schälen und fein hacken. Brokkoli waschen, in Röschen schneiden und in kochendem Salzwasser 5 Minuten garen. Kirschtomaten waschen, halbieren. Olivenöl erhitzen. Zwiebel und Knoblauch darin anschwitzen. Tomaten hinzufügen. Pinienkerne in einer Pfanne ohne Fett anrösten.
2. Gnocchi in kochendem Salzwasser 2–3 Minuten garen, abgießen. Tomaten, Gnocchi, Brokkoli, Pesto und Pinienkerne vermischen.
3. Mozzarellakugeln abgießen, halbieren und untermengen. Mit Salz und Pfeffer abschmecken. Basilikum abzupfen und darüberstreuen.

 | PRO PORTION: CA. 515 KCAL, 24 G E, 25 G F, 46 G KH

ZUCCHINI-NUDELN

mit Walnuss-Tomaten-Pesto

 4 PORTIONEN | 20 MINUTEN

- 2 Knoblauchzehen
- 130 g Walnusskerne
- 50 g Parmesan
- 150 g getrocknete
  Tomaten in Öl
- 1 EL Tomatenmark
- 100 ml Olivenöl
- 2 kg Zucchini
- Salz, Pfeffer
- ½ Topf Basilikum

1. Für das Pesto Knoblauchzehen schälen und grob hacken. Walnüsse in einer Pfanne ohne Fett anrösten. Hälfte des Parmesans reiben. Knoblauch, 100 g Walnüsse, getrocknete Tomaten, Tomatenmark, Olivenöl und geriebenen Parmesan in einem hohen Gefäß mit einem Pürierstab fein mixen.
2. Zucchini waschen, Enden abschneiden und Zucchini mit einem Spiralschneider in lange dünne Streifen schneiden.
3. Zucchininudeln in kochendem Salzwasser 2–3 Minuten kochen lassen. Abgießen und mit dem Pesto vermischen. Kräftig mit Salz und Pfeffer würzen. Restlichen Parmesan darüber hobeln. Basilikum waschen, abzupfen und darüberstreuen. Mit den restlichen Walnüssen bestreuen.

 | PRO PORTION: CA. 575 KCAL, 15 G E, 50 G F, 15 G KH

FOODHACK

ZUDELN OHNE SPIRALSCHNEIDER
Mit dem Sparschäler zuerst der Länge nach dünne Scheiben von der Zucchini abziehen – hallo Bandnudeln! Danach diese mit einem großen Messer in feine lange Streifen schneiden.

PAPRIKA-TOMATEN-PENNE

mit Wurstbrät und Fenchel

 4 PORTIONEN | 30 MINUTEN

- 2 Zwiebeln
- 2 Knoblauchzehen
- 4 rohe Bratwürste
- 1 rote Paprikaschote
- 2 Tomaten
- 2 Stangen Staudensellerie
- 200 g Möhren
- 150 g Parmesan
- 100 g Rucola
- 4 EL Olivenöl
- 1 TL Fenchelsamen
- 400 g Penne
- Salz, Pfeffer

1. Zwiebeln schälen und fein würfeln. Knoblauch schälen und fein hacken. Bratwurstmasse aus der Haut drücken. Paprika waschen, halbieren, entkernen und fein würfeln. Tomaten waschen und würfeln. Sellerie waschen, in feine Scheiben schneiden. Möhren schälen und fein würfeln. Parmesan fein reiben. Rucola waschen, abtropfen lassen und grob hacken.
2. Olivenöl in einer Pfanne erhitzen, Fenchelsamen, Knoblauch und Zwiebeln darin anschwitzen. Wurstbrät, Möhren, Sellerie, Paprika- und Tomatenwürfel hinzufügen.
3. Penne in kochendem Salzwasser 11 Minuten kochen. 3 EL Nudelwasser mit in die Pfanne geben. Penne abgießen und mit dem Brätgemüse vermischen. Mit Salz und Pfeffer würzen. Parmesan und Rucola darüberstreuen.

 | PRO PORTION: CA. 940 KCAL, 40 G E, 49 G F, 85 G KH

F&A

BRÄT?
WAS'N DAS?

Als Brät bezeichnet
man das Innere einer
frischen Bratwurst. Da
es bereits gewürzt ist,
schmeckt es besonders
aromatisch. Als Alter-
native kann man auch
frisches Mett oder
Hack anbraten — hier
sollte aber nachgewürzt
werden, etwa mit Zwie-
beln, Knoblauch, Salz,
Pfeffer, Rosmarin,
Thymian oder Kräutern
der Provence.

ONE-POT-PASTA

mit Tomaten, Chorizo und Petersilie

4 PORTIONEN | 25 MINUTEN

- 1 Zwiebel
- 2 Knoblauchzehen
- 400 g Kirschtomaten
- 200 g Chorizo (spanische Paprikawurst)
- 2 EL mediterrane Tomatenpaste (siehe Rezept S. 41)
- 400 g Spaghetti
- Salz, Pfeffer
- 4 EL Olivenöl
- 1 Bund Petersilie
- 1 TL Paprikapulver

1. Zwiebel schälen, halbieren und in Scheiben schneiden. Knoblauch schälen und in Scheiben schneiden. Kirschtomaten waschen und halbieren. Chorizo in Scheiben schneiden.
2. Zwiebel, Knoblauch, Kirschtomaten, Tomatenpaste, Spaghetti und Chorizo in einen großen Topf geben. Mit 1,2 Liter Wasser bedecken, aufkochen, salzen und 10 Minuten bei leicht geöffnetem Deckel kochen. Sobald die Spaghetti weich werden, nach und nach unterrühren. Olivenöl hinzufügen. Petersilie waschen, abtropfen lassen, hacken und darüberstreuen. One-Pot-Pasta mit Salz, Pfeffer und Paprikapulver abschmecken.

 | PRO PORTION: CA. 690 KCAL, 24 G E, 30 G F, 81 G KH

SPAGHETTI MIT PESTO

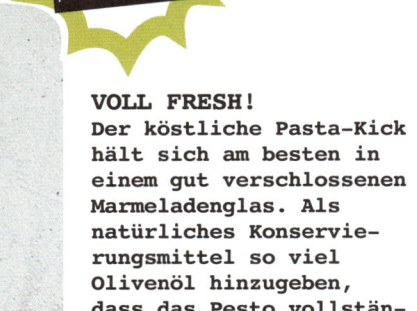

FOODHACK

VOLL FRESH!
Der köstliche Pasta-Kick hält sich am besten in einem gut verschlossenen Marmeladenglas. Als natürliches Konservierungsmittel so viel Olivenöl hinzugeben, dass das Pesto vollständig mit einer dünnen Ölschicht bedeckt ist! So kommt kein Sauerstoff dran.

Basilikum PESTO

👤 4 PORTIONEN | 🕐 20 MINUTEN

· 80 g Pinienkerne
· 50 g Parmesan
· 2 Knoblauchzehen
· 3 Bund Basilikum
· 250 ml Olivenöl
· ¼ TL Salz

Pinienkerne in einer Pfanne ohne Fett anrösten. Parmesan fein reiben. Knoblauch schälen und grob hacken. Basilikum abzupfen, waschen, abtropfen lassen und grob hacken. In einem hohen Gefäß Knoblauch, Pinienkerne, Basilikum, Parmesan, Olivenöl und Salz mit einem Pürierstab fein mixen.

| PRO PORTION: CA. 765 KCAL, 9 G E, 78 G F, 8 G KH

Tomaten-Ziegenkäse PESTO

👤 4 PORTIONEN | 🕐 20 MINUTEN

· 2 Knoblauchzehen
· 50 g Ziegen-Gouda
· 100 g gehackte Mandeln
· 150 g getrocknete Tomaten in Öl
· 1 EL Tomatenmark
· 200 ml Olivenöl
· Salz, Pfeffer

Knoblauchzehen schälen und grob hacken. Ziegenkäse fein reiben. Mandeln in einer Pfanne ohne Fett anrösten. Alle Zutaten in einem hohen Gefäß mit einem Pürierstab fein mixen. Mit Salz und Pfeffer würzen.

| PRO PORTION: CA. 695 KCAL, 9 G E, 70 G F, 6 G KH

SPAGHETTI kochen → SO GEHTS!

1. TOPF MIT max. 2/3 *Wasser* FÜLLEN.

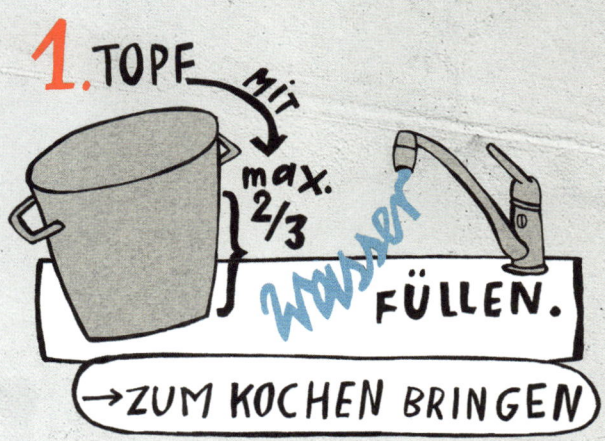

→ ZUM KOCHEN BRINGEN

2. SALZEN — OFFEN

3. SPAGHETTI ZUGEBEN

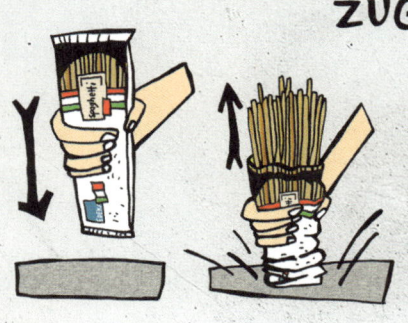

4. AB UND ZU: UMRÜHREN.

5. NACH 7-10 MINUTEN: Biss-TEST

6. ABGIEßEN

NICHT ABSCHRECKEN! → SOFORT MIT SAUCE / PESTO *mischen.*

REISNUDEL-ONE-POT

mit Gemüse, Erdnussbutter und cashewkernen

👤 4 PORTIONEN | 🕐 25 MINUTEN

- 250 g Kirschtomaten
- 400 g Möhren
- 200 g Zuckerschoten
- 1 Zwiebel
- 400 g griechische Reisnudeln (Kritharaki)
- 2 TL DIY-Gewürzpaste (siehe Rezept S. 39)
- 100 g Erdnussbutter
- Salz, Pfeffer
- 150 g Cashewkerne
- 1 Bund Koriander
- 4 EL Olivenöl

1. Alle frischen Zutaten waschen. Kirschtomaten halbieren. Möhren schälen und in Scheiben schneiden. Zuckerschoten in Streifen schneiden. Zwiebel schälen und fein würfeln.
2. Nudeln, Tomaten, Möhren, Zwiebel, Zuckerschoten, Gewürzpaste und Erdnussbutter in einen großen Topf geben, mit Wasser bedecken. Mit Salz und Pfeffer würzen, aufkochen und zugedeckt bei mittlerer Hitze 15 Minuten köcheln lassen. Dabei häufiger umrühren. Gegebenenfalls nach Ende der Garzeit noch etwas heißes Wasser hinzufügen.
3. Cashewkerne in einer Pfanne ohne Fett rösten. Koriander fein hacken. Cashewkerne und Koriander über die Pasta streuen. Mit Olivenöl beträufeln und servieren.

Tipp: Dazu passt zerbröckelter Fetakäse (etwa 200 g).

  | PRO PORTION: CA. 935 KCAL, 21 G E, 44 G F, 111 G KH

FLADENBROT-PIZZEN

... mit gelben Tomaten, Mozzarella und Pinienkernen
S. 63

... mit Salami, Kirschtomaten, Knoblauch, Lauchzwiebeln und Käse
S. 63

... mit Thunfisch,
Erbsen,
Mais und
Crème fraîche
S. 62

FLADENBROT-PIZZEN

... mit Thunfisch, Erbsen, Mais und Crème fraîche

👤 4 PORTIONEN | ⏱ 25 MINUTEN

- 4 dünne Fladenbrote
- 100 g tiefgekühlte Erbsen
- 100 g Mais (Dose)
- 200 g Crème fraîche
- Salz, Pfeffer
- 1 EL mediterrane Tomatenpaste
  (siehe Rezept S. 41)
- 1 TL Kräuter der Provence
- 1 Dose Thunfisch
- 1 Beet Kresse

1. Backofen auf 200 Grad (Umluft 180) vorheizen. Fladenbrote auf 2 Backblechen verteilen. Erbsen in kochendem Salzwasser 5 Minuten garen, dann kalt abschrecken und abtropfen lassen. Mais abtropfen lassen.
2. Crème fraîche mit Salz, Pfeffer, Tomatenpaste und Kräutern der Provence verrühren. Auf den Broten verstreichen. Thunfisch, Erbsen und Mais darauf verteilen.
3. Im heißen Ofen 5–8 Minuten backen. Kresse vom Beet schneiden und über die Pizzen streuen.

Tipp: Kein dünnes Fladenbrot zur Hand? Dann tun es auch die großen „dicken" Fladenbrote. Einfach in der Mitte durchschneiden und wie im Rezept belegen.

PRO PORTION: CA. 500 KCAL, 18 G E, 28 G F, 43 G KH

F&A

WELCHER FLADEN DARF'S SEIN?

Fast jedes Land hat sein eigenes Fladenbrot: Naan etwa ist ein flaches, längliches Fladenbrot aus Indien. Dort isst man auch aus Chapatimehl gebackenes Roti sowie Papadam, ein Fladenbrot aus Linsenmehl. In der Türkei gibt es das dünne Yufka und Pide, ein dickes Fladenbrot, das im arabischen Raum Pita heißt. Und Italiener lieben ihre Focaccia.

GEMÜSEDÖNER MIT PAPRIKA, PILZEN,
ROTKOHL UND KNOBLAUCHSAUCE:
**GRILLGEMÜSE
IM FLADENBROT**

www.yumtamtam.de/gemuesedoener/

... mit gelben Tomaten, Mozzarella und Pinienkernen

👤 4 PORTIONEN | 🕐 25 MINUTEN

- 4 dünne Fladenbrote
- 250 g gelbe Kirschtomaten
- 2 Kugeln Mozzarella (250 g)
- 150 ml Tomatensauce (Fertigprodukt)
- Salz, Pfeffer
- 1 Topf Basilikum
- 40 g Pinienkerne

1. Backofen auf 200 Grad (Umluft 180) vorheizen. Fladenbrote auf 2 Backblechen verteilen. Tomaten waschen und halbieren. Mozzarella abtropfen
lassen und in Scheiben schneiden.
2. Tomatensauce auf den Broten verstreichen. Mit Tomaten und Mozzarella
belegen. Kräftig mit Salz und Pfeffer würzen.
3. Im heißen Ofen 5–8 Minuten backen. Basilikumblätter abzupfen. Pinienkerne in einer Pfanne ohne Fett rösten. Fladenbrotpizzen mit Pinienkernen
und Basilikum bestreuen.

PRO PORTION: CA. 440 KCAL, 20 G E, 20 G F, 42 G KH

... mit Salami, Kirschtomaten, Knoblauch, Lauchzwiebeln und Käse

👤 4 PORTIONEN | 🕐 25 MINUTEN

- 4 dünne Fladenbrote
- 250 g Kirschtomaten
- 3 Knoblauchzehen
- 3 Lauchzwiebeln
- 200 ml Tomatensauce (Fertigprodukt)
- 200 g Salami
- Salz, Pfeffer
- 200 g geriebener Gouda

1. Backofen auf 200 Grad (Umluft 180) vorheizen. Fladenbrote auf 2 Backblechen verteilen. Tomaten waschen und halbieren. Knoblauch schälen und
in dünne Scheiben schneiden. Lauchzwiebeln putzen und in feine Ringe
schneiden.
2. Tomatensauce auf den Broten verstreichen. Mit Tomaten, Salami, Lauchzwiebeln, Knoblauch belegen. Kräftig mit Salz und Pfeffer würzen.
3. Fladenbrote mit Käse bestreuen und im heißen Ofen 5–8 Minuten backen.

PRO PORTION: CA. 585 KCAL, 28 G E, 32 G F, 42 G KH

DIE VORKOCHER

Der kluge Kopf kocht vor – und zwar ultrapraktische Basics für Suppen & Eintöpfe

Hühnerbrühe:
1 × gekocht
=
4 Rezepte

S. 66

KLASSISCHE HÜHNERBRÜHE

selbst gemacht

CA. 2 L BRÜHE | 2 STUNDEN

- 1 Zwiebel
- 1 Bund Suppengrün
- 1 Bio-Suppenhuhn (ca. 2,5 kg)
- 6 Hähnchenkeulen
- 1 EL schwarze Pfefferkörner
- 3 Nelken
- 2 Lorbeerblätter
- Salz

1. Zwiebel mit Schale halbieren. Zwiebelhälften in einer heißen Pfanne ohne Fett mit den Schnittseiten nach unten braun rösten. Suppengrün putzen, waschen und in grobe Würfel schneiden.
2. Suppenhuhn und Hähnchenkeulen kalt abwaschen, trocken tupfen. Zwiebelhälften mit Suppengemüse, Pfefferkörnern, Nelken, Lorbeerblättern, Salz, Keulen und Suppenhuhn in einen großen Topf geben und mit kaltem Wasser auffüllen. Brühe aufkochen lassen, die Hitze reduzieren und 1 Stunde 30 Minuten mit halb aufgelegtem Deckel (damit der Dampf entweichen kann) bei milder Hitze köcheln lassen. Dabei mehrmals mit einer Schaumkelle den Schaum abschöpfen.
3. Suppenhuhn und Hähnchenkeulen aus der Brühe nehmen. Brühe durch ein Sieb passieren und nochmals aufkochen. Das Fleisch von Haut und Knochen lösen, in mundgerechte Stücke teilen und beiseitestellen.

Tipp: 750 ml der Brühe können für das Kartoffelsotto (Seite 70) verwendet werden. Die Hälfte des Hühnerfleisches für die Asia-Kokos-Topf (Seite 69) und den Rest für die Pulled-Chicken-Burger (Seite 73) verwenden.

 | PRO PORTION: CA. 85 KCAL, 6 G E, 7 G F, 0 G KH

FOODHACK

DAS GANZE EINE NUMMER KLEINER
Wer nur kleine Töpfe hat, weniger Brühe braucht oder nicht mit einem ganzen Huhn hantieren möchte, kocht einfach eine Hähnchenbrust am Knochen oder 1—2 Keulen mit einem 1/2 Bund Suppengrün wie oben beschrieben. So oder so: Das Ergebnis ist eine 1a-Hühnerbrühe!

ASIA-KOKOS-TOPF

mit Zitronengras und Hühnerfleisch

👤 4 PORTIONEN | 🕐 30 MINUTEN

· 1 Knoblauchzehe
· 1 Zwiebel
· 1 rote Chilischote
· 1 Stange Zitronengras
· 500 g Hokkaido-Kürbis
· 100 g Möhren
· 400 g Champignons
· 3 EL Sesamöl
· 1 TL DIY-Gewürzpaste
  (siehe Rezept S. 39)
· 600 ml Hühnerbrühe
  (siehe Rezept S. 67)
· 400 ml Kokosmilch
· 2 EL Speisestärke
· ausgelöstes Fleisch von 4 Hähnchenkeulen (siehe Rezept S. 67)
· Salz, Pfeffer
· 2–3 TL Limettensaft
· ½ Bund Koriander oder Petersilie

1. Knoblauch schälen und in Scheiben schneiden. Zwiebel schälen und fein würfeln. Chili waschen, halbieren, entkernen und in Streifen schneiden. Zitronengras waschen und in feine Ringe schneiden. Kürbis und Möhren schälen und in 1 cm gro-ße Würfel schneiden. Champignons putzen und in Scheiben schneiden.

2. Öl in einem Topf erhitzen. Knoblauch, Zwiebeln, Chili, DIY-Gewürzpaste und Zitronengras andünsten. Kürbis und Möhren hinzufügen. Mit Hühnerbrühe und Kokosmilch ablöschen. Zugedeckt 10 Minuten köcheln lassen. Stärke mit 3 EL kaltem Wasser anrühren, unterrühren und alles nochmals aufkochen lassen. Champignons und Hühnchen-fleisch hinzufügen. Mit Salz, Pfeffer und Limettensaft würzen. Koriander hacken und darüberstreuen.

 | PRO PORTION: CA. 350 KCAL, 30 G E, 20 G F, 11 G KH

ASIA-KOKOS-TOPF ☆ ☆ ☆ ☆ ☆

F&A

WAS HEISST HIER „FESTKOCHEND"?

Kartoffelsorten werden in drei Kategorien eingeteilt: in festkochende, vorwiegend festkochende und mehligkochende. Festkochende Kartoffeln eignen sich besonders gut für Bratkartoffeln, Kartoffelsalat, Gratins und Pellkartoffeln. Vorwiegend festkochende Kartoffeln passen als Salz- oder Pellkartoffeln zu Gerichten mit viel Sauce. Mehligkochende Kartoffeln verwendet man zur Herstellung von Knödeln, Reibekuchen, Rösti, Kroketten, Gnocchi und Co.

KARTOFFELSOTTO

mit Parmesan und krossem Schinken

👤 4 PORTIONEN | 🕐 35 MINUTEN

- 2 Zweige Thymian
- 1,5 kg große festkochende Kartoffeln
- 2 Zwiebeln
- 2 Knoblauchzehen
- 150 g getrocknete Tomaten in Öl
- 3 EL Olivenöl
- 750 ml Hühnerbrühe
  (siehe Rezept S. 67)
- Salz, Pfeffer
- frisch geriebene Muskatnuss
- 1 Bund Lauchzwiebeln
- 100 g Parmesan
- 200 g roher Schinken in Scheiben
- 1 Bund glatte Petersilie

1. Thymian waschen, Blättchen abzupfen. Kartoffeln schälen, waschen und in kleine Würfel schneiden. Zwiebeln schälen und fein würfeln. Knoblauch schälen und fein hacken. Getrocknete Tomaten in Streifen schneiden.

2. Olivenöl in einem Topf erhitzen. Zwiebeln, Knoblauch und Thymian darin anschwitzen. Kartoffelwürfel hinzufügen. Mit Hühnerbrühe ablöschen und alles 20 Minuten zugedeckt köcheln lassen. Nach 15 Minuten Garzeit getrocknete Tomaten hinzufügen. Mit Salz, Pfeffer und Muskatnuss würzen. Lauchzwiebeln waschen und in feine Ringe schneiden.

3. Parmesan fein reiben. Eine Pfanne erhitzen und Schinken darin kross von beiden Seiten braten. Petersilie fein hacken. Kartoffelsotto mit Parmesan, krossem Schinken, Lauchzwiebeln und Petersilie servieren.

 | PRO PORTION: CA. 800 KCAL, 40 G E, 40 G F, 65 G KH

KARTOFFELSOTTO

★★★★★

PULLED-CHICKEN-BURGER

mit Rucola und Ajvar

👤 4 BURGER | 🕐 20 MINUTEN

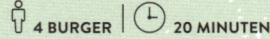

- 2 rote Zwiebeln
- 2 EL Limettensaft
- Salz
- 1 Knoblauchzehe
- ausgelöstes Hähnchenfleisch von 2 Keulen (siehe Rezept S. 67)
- 1 TL BBQ-Gewürz
- 75 ml BBQ-Sauce (aus dem Glas)
- ½ TL Paprikapulver
- 1 rote Paprikaschote
- 100 g Rucola
- 4 Brötchen
- 100 g Ajvar (Paprikapaste)

1. Backofen auf 200 Grad (Umluft 180) vorheizen. Zwiebeln schälen und in hauchdünne Scheiben schneiden. Mit Limettensaft und etwas Salz vermischen.
2. Knoblauch schälen und fein hacken. Hähnchenfleisch, BBQ-Gewürz, BBQ-Sauce, Paprikapulver und Knoblauch vermischen. In eine feuerfeste Schale legen und im Ofen 15 Minuten erhitzen.
3. Paprika waschen, halbieren, entkernen und in dünne Streifen schneiden. Rucola waschen und abtropfen lassen.
4. Brötchen halbieren und im heißen Ofen kurz anrösten. Beide Seiten mit Ajvar bestreichen. Unterhälfte mit Hähnchenfleisch, Zwiebelringen, Rucola und Paprikastreifen belegen, Oberhälfte drauflegen.

 | PRO BURGER: CA. 190 KCAL, 14 G E, 2 G F, 29 G KH

☆ ☆ ☆ ☆ ☆

Rindfleisch-Wok
mit Kokosmilch
und Erdnüssen
S. 77

CHILL ZONE
Hier bleibt alles schön
warm, während unten
gebrutzelt wird

BOIL ZONE
Hier wird langsam
weitergegart

WOK ME UP …
die asiatische Wunderpfanne
hat so einiges drauf:
anbraten, frittieren,
dünsten

HOT ZONE
Hier wird ultraheiß
angebraten

RINDFLEISCH-WOK

mit Kokosmilch und Erdnüssen

 4 PORTIONEN | 🕐 40 MINUTEN

- 3 Knoblauchzehen
- 600 g Rinderhüftsteaks
- 1 rote Paprikaschote
- 1 Zucchini
- 1 rote Zwiebel
- ½ Bund Petersilie
- 5 EL Sesamöl
- 400 ml Kokosmilch
- 400 ml Rinderfond
- 4 EL Erdnussbutter
- 40 g gesalzene, geröstete Erdnüsse
- Salz, Pfeffer
- 2–3 EL Limettensaft

1. Knoblauch schälen und in Scheiben schneiden. Rinderhüftsteaks trocken tupfen und in Streifen schneiden. Paprika waschen, halbieren, entkernen und in Streifen schneiden. Zucchini waschen, halbieren und in Scheiben schneiden. Zwiebel schälen und fein würfeln. Petersilie waschen, trocken schütteln und fein hacken.
2. 3 EL Öl im Wok erhitzen. Rinderstreifen heiß anbraten, dann herausnehmen und beiseitestellen. 2 EL Öl in den Wok geben. Knoblauch, Paprika, Zucchini und Zwiebel darin andünsten. Mit Kokosmilch und Rinderfond ablöschen. Erdnussbutter und Erdnüsse hinzufügen.
3. Rindfleisch zum Gemüse geben und kräftig mit Salz, Pfeffer und Limettensaft würzen. Mit Petersilie bestreut servieren. Dazu passt Brot.

Tipp: Erdnussbutter ist zwar ein ideales Bindemittel für Gerichte aus der asiatischen Küche, aber es gibt auch viele Menschen, die die Nüsse nicht vertragen. Wer also eine Allergie hat oder sie nicht mag, ersetzt die Erdnussbutter einfach durch Mandelmus und die ganzen Erdnüsse durch blanchierte Mandeln.

 | PRO PORTION: CA. 585 KCAL, 49 G E, 38 G F, 11 G KH

WOK THIS WAY!

Die kugelige Pfanne ist eines der Geheimnisse der gesunden Asia-Küche: Denn das Gemüse wird durch das heiße Anbraten und viele Rühren nur ganz kurz erhitzt. So bleiben Möhren, Paprika und Zwiebeln schön knackig und ihre Vitamine weitgehend erhalten. Und was an Nährstoffen austritt, landet in der Sauce.

WIRSING-WOK

mit gebratenem Wasabi-Sesam-Lachs

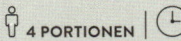 4 PORTIONEN | 🕐 25 MINUTEN

- 2 Möhren
- 1 Kohlrabi
- 1 Brokkoli
- 20 g frische Ingwerwurzel
- 2 Knoblauchzehen
- 1 rote Zwiebel
- 300 g Wirsing
- 7 EL Sesamöl
- 300 ml Instant-Gemüsebrühe
- 2 EL DIY-Gewürzpaste
  (siehe Rezept S. 39)
- Salz, Pfeffer
- 4 Lachsfilets ohne Haut, je 160 g
- 2 TL Wasabipaste
- 4 EL Sesamsaat
- 2 EL Zitronensaft
- ½ Bund Koriander

1. Möhren und Kohlrabi schälen und in Stifte schneiden. Brokkoli waschen, in Röschen schneiden und diese halbieren. Ingwer schälen und fein hacken. Knoblauch schälen und in Scheiben schneiden. Zwiebel schälen und fein würfeln. Wirsing waschen und in Streifen schneiden.

2. 3 EL Öl in einem Wok erhitzen. Zwiebel, Knoblauch und Ingwer darin anrösten. Möhren, Kohlrabi und Wirsing hinzufügen. Mit Gemüsebrühe ablöschen und zugedeckt alles 10 Minuten garen. Nach 5 Minuten den Brokkoli hinzufügen. Mit 2 EL DIY-Gewürzpaste, Salz und Pfeffer abschmecken.

3. Lachs trocken tupfen, von beiden Seiten mit Wasabipaste einstreichen und im Sesam wenden. 4 EL Öl in einer Pfanne erhitzen und Lachs von beiden Seiten je 3 Minuten braten. Herausnehmen und mit Zitronensaft beträufeln. Mit dem Wokgemüse servieren. Koriander grob hacken und darüberstreuen. Dazu passt Basmatireis.

Tipp: Kein Wok? Man muss nicht gleich eine halbe Streetfoodküche zu Hause haben, damit die Wok-Gerichte gelingen. Zur Not tut es auch eine Pfanne mit hohem Rand!

 | PRO PORTION: CA. 700 KCAL, 42 G E, 53 G F, 13 G KH

Genussmomente

KLAPPT AUCH IM WOK:
KEVS THAI-CURRY MIT GARNELEN, ZIMT & KARDAMOM
 www.edeka.de/thai-curry

MAMA
Am liebsten würde ich nie Nudeln machen!

LILLI
Wie?! 😳 Nie wieder? Ernsthaft???

MAMA
Nie! Ich meinte Nie!!!

LILLI
Aber wir mögen total gern Nudeln! 😥

MAMA
Oh Mann, M-I-E-Nudeln. Diese Autokorrektur! 😬

LILLI
😝 👍 😛

GEBRATENE MIE-NUDELN

mit Zuckerschoten, Tofu, Chili und Ei

👤 4 PORTIONEN | 🕐 25 MINUTEN

- 300 g Mie-Nudeln
- 4 Lauchzwiebeln
- 250 g Zuckerschoten
- 2 Knoblauchzehen
- 350 g Tofu
- 80 g Cashewkerne
- 2 rote Chilischoten
- 4 Eier (Größe M)
- 1 Limette
- 3 EL Sesamöl
- 1 TL DIY-Gewürzpaste (siehe Rezept S. 39)
- 3–4 EL Sojasauce
- 1 Bund Koriander

1. Nudeln 5 Minuten in Salzwasser kochen (alternativ 1 Stunde in kaltem Wasser einweichen. Dann müssen sie nicht mehr gekocht werden).
2. Lauchzwiebeln putzen und in Ringe schneiden. Zuckerschoten waschen und in Streifen schneiden. Knoblauch schälen und in Scheiben schneiden. Tofu in Scheiben schneiden. Cashewkerne grob hacken. Chilis waschen, längs halbieren, entkernen und in Streifen schneiden. Eier verquirlen. Limettensaft auspressen.
3. Öl in einem Wok erhitzen. Zuckerschoten, Knoblauch, Chili, Tofu, Lauchzwiebeln, Cashewkerne und DIY-Gewürzpaste 5–8 Minuten andünsten.
4. Nudeln hinzufügen und mit Limettensaft und Sojasauce würzen. Pfanneninhalt zur Seite schieben und die Eimasse hineingleiten und stocken lassen. Alle Zutaten gut vermischen. Koriander fein hacken. Gebratene Nudeln damit bestreut servieren.

 PRO PORTION: CA. 655 KCAL, 21 G E, 27 G F, 80 G KH

F&A

WER HAT'S ERFUNDEN?

Die Nudel angeblich die Chinesen. Deshalb gibt es in Asien auch so viele Sorten. Hier der Schnelldurchlauf:

Ramen: Japanische Weizennudeln, die in Blöcken verkauft und in Suppen verarbeitet werden.

Mie-Nudeln: Die südostasiatische Variante wird aus Weizen hergestellt.

Soba-Nudeln: Sind aus Buchweizen (glutenfrei!).

Somen-Nudeln: Sehen aus wie dünne Spaghetti. Sie werden aus Weizenmehl hergestellt und schmecken leicht süßlich.

Udon-Nudel: Ist die dickere Variante der Somen-Nudel.

Glasnudeln: Werden aus Mungobohnen oder Sojastärke hergestellt, in Japan auch aus Süßkartoffeln.

Reisnudeln: Ungekocht sehen sie aus wie Glasnudeln und werden in heißem Wasser weiß.

ENDLICH
WOCHEN-ENDE

BOOM

Endlich mal genug Zeit zum Abhängen und Auftanken! Und womit geht das am besten? Mit lecker Essen, richtig! Samstage und Sonntage sind nämlich unsere All-Time-Favorites, um groß aufzutischen: vom Langschläfer-Frühstück über Süßes zu Kaffeeklatsch & Co. bis hin zum feinen Mittags- und Abendtisch

Brioches
mit Haselnuss-
Vanille-
Füllung
S. 86

LANG-SCHLÄFER-FRÜHSTÜCK

Hoch die Hände, Wochenende! Allerbestes Frühstück für Ausschläfer und Partytiere

Pain au chocolat S. 87

BRIOCHES

mit Haselnuss-Vanille-Füllung

👤 12 STÜCK | 🕐 2 STUNDEN (PLUS GEHZEIT)

Für den Teig:
- ⅓ Würfel frische Hefe (20 g) oder
  1 Päckchen Trockenhefe
- 250 ml Wasser
- 3 EL Milch
- 6 EL Zucker
- 600 g Weizenmehl
  (plus etwas Mehl zum Arbeiten)
- 2 Eier (Größe M)
- 75 g weiche Butter
  (plus 2 EL flüssige Butter für die Form)
- 1 Prise Salz

Für die Füllung:
- 100 g Zartbitter-Kuvertüre
- 75 ml Schlagsahne
- 200 g gemahlene Haselnüsse
- 2 Päckchen Vanillezucker

Zum Bestreichen:
- 1 Eigelb (Größe M)
- 1 EL Milch

1. Hefe zerbröckeln und mit lauwarmem Wasser, warmer Milch und Zucker verrühren. Hefemischung abdecken und 15 Minuten an einem warmen Ort gehen lassen.
2. Mehl in eine Schüssel füllen. Eier, Butter, Hefemischung und Salz hinzufügen, alles mit den Knethaken des Mixers gut verkneten. Zugedeckt im Kühlschrank über Nacht gehen lassen.
3. Für die Füllung Kuvertüre grob hacken, in einer Edelstahlschüssel über einem heißen Wasserbad mit der Sahne schmelzen lassen. Mit Haselnüssen und Vanillezucker vermischen. Abkühlen lassen.
4. Backofen auf 180 Grad (Umluft 160) vorheizen. Den Teig nochmals durchkneten, dann mit bemehlten Händen in 12 gleich große Stücke teilen. Von jedem Stück ein Viertel abnehmen und aus dem Teig je eine große und eine kleine Kugel formen. In die großen Kugeln ein Loch drücken und die Füllung hineingeben. Die Füllung gut mit den Teigenden bedecken.
5. Muffinform mit etwas flüssiger Butter ausstreichen. Große Teigkugeln in die Mulden setzen. Die kleinen Kugeln daraufsetzen und leicht festdrücken. Eigelb und Milch verquirlen und Brioches damit bestreichen. Im vorgeheizten Backofen etwa 30 Minuten backen.

Tipp: Falls noch Füllung übrig bleibt: Einfach als Brotaufstrich versuchen!

🌿 | PRO STÜCK: CA. 440 KCAL, 9 G E, 19 G F, 46 G KH

F&A

WAS FÜR'N TYP?

Type, mit „e". Nicht Typ! Hier gehts um Mehlsorten. An der Type erkennt man, wie fein das Korn gemahlen ist. Je höher die Typenzahl, desto mehr Schalenbestandteile sind im Mehl. Und je mehr Schale, desto mehr Vitamine und Ballaststoffe stecken drin. Weißes Weizenmehl hat zum Beispiel die Type 405. Die Type 1050 ist schon viel dunkler. In Vollkornmehl sind alle Bestandteile des gemahlenen Korns enthalten. Es hat auch keine Type, sondern heißt einfach nur Vollkornmehl.

PAIN AU CHOCOLAT

mit Zartbitter-Schokolade

👤 12 STÜCK | 🕐 45 MINUTEN

- 550 g Blätterteig aus dem Kühlregal (2 Rollen)
- 2 Eier (Größe M)
- 2 EL Schlagsahne
- 12 TL Zucker
- 2 Tafeln Zartbitter-Schokolade
- Mehl zum Ausrollen

1. Backofen auf 200 Grad (Umluft 180) vorheizen. 2 Backbleche mit Backpapier auslegen.

2. Blätterteig auf einer bemehlten Arbeitsfläche ausrollen. Eier und Sahne verrühren. Teige jeweils in 6 gleich große Rechtecke schneiden und mit Ei-Sahne bestreichen. Teigstücke mit je 1 TL Zucker bestreuen und an der kürzeren Seite mit 4 Stück Schokolade belegen. Teigstücke mit der Schokoladenseite beginnend sehr locker aufrollen. Teigrollen auf die Backbleche verteilen.

3. Blätterteigrollen mit der restlichen Ei-Sahne bestreichen. Im heißen Backofen 18–20 Minuten goldbraun backen. Aus dem Ofen nehmen und auf einem Kuchengitter abkühlen lassen. Warm oder kalt servieren.

 PRO STÜCK: CA. 300 KCAL, 3 G E, 13 G F, 21 G KH

Genussmomente

RAUS AUS DEN FEDERN!
**TIPPS & TRICKS ZUM
BRÖTCHENBACKEN**
 www.edeka.de/broetchen-backen

QUARKBRÖTCHEN

mit Mohn, Sonnenblumenkernen und Mandeln

👤 12 STÜCK | 🕐 45 MINUTEN

- 300 g Magerquark
- 150 ml Sonnenblumenöl
- 2 Eier (Größe M)
- 100 g Zucker
- 600 g Mehl
- 2 Päckchen Backpulver
- 1 Prise Salz
- 2 EL Mohnsaat
- 2 EL Sesamsaat
- 2 EL Sonnenblumenkerne
- 2 EL Mandelblättchen
- 50 ml Milch

1. Backofen auf 180 Grad (Umluft 160) vorheizen. Quark, Öl und Eier verrühren. Zucker, Mehl, Backpu ver und Salz mischen. Mit den Knethaken des Mixers die Zutaten zu einem glatten Teig verarbeiten. Aus dem Teig 12 Brötchen formen. Mohn, Sesam, Sonnenblumenkerne und Mandelblättchen auf jeweils einen Teller verteilen. Brötchen mit Milch bepinseln, nacheinander in jedes Topping tauchen und fest andrücken.
2. Backblech mit Backpapier auslegen und die Brötchen darauf verteilen. Im heißen Ofen 15–20 Minuten backen. Abkühlen lassen und genießen.

Tipp: Die Quarkbrötchen sind auch super für Partys mit den Dips auf Seite 155.

 PRO STÜCK: CA. 390 KCAL, 12 G E, 18 G F, 46 G KH

GEWUSST WIE!
Besonders unkompliziert lässt sich Pancake-Teig herstellen, wenn man alle Zutaten in eine große, leere Wasserflasche füllt und diese dann gut schüttelt. Direkt aus der Flasche gießt man den Teig dann portionsweise in die Pfanne. Was übrig bleibt, wandert später in der Flasche in den Kühlschrank.

HEIDELBEER-PANCAKES

mit Mandelblättchen und Honig

8 STÜCK | 30 MINUTEN

- 1 Ei (Größe M)
- 1 Prise Salz
- 250 ml Buttermilch
- 150 g Mehl
- 2 TL Backpulver
- 50 g Zucker
- 100 g Mandelblättchen
- 2 Päckchen Vanillezucker
- 200 g Heidelbeeren
- 2 EL Butter
- 5 EL flüssiger Honig

1. Ei trennen. Eiweiß und eine Prise Salz mit dem Handrührgerät steif schlagen. Buttermilch, Eigelb, Mehl, Backpulver, Zucker, Mandelblättchen und Vanillezucker mit dem Schneebesen zu einem glatten Teig verrühren. Eischnee vorsichtig unterheben.
2. Heidelbeeren abspülen, gut abtropfen lassen. Butter in einer großen Pfanne erhitzen. 8 kleine Teigportionen mit einer Kelle in die Pfanne gießen. Beeren daraufgeben. Bei mittlerer Hitze von jeder Seite 3–4 Minuten goldbraun braten.
3. Pancakes auf Küchenpapier abtropfen lassen. Mit Honig beträufeln. Dazu passen griechischer Joghurt, Vanilleeis oder Obstsalat.

PRO STÜCK: CA. 230 KCAL, 6 G E, 8 G F, 33 G KH

PANCAKES ODER PFANNKUCHEN?

Echte American Pancakes sind klein und dick, während der gute alte Pfannkuchen tellergroß ist. Durch Natron oder Backpulver geht Pancaketeig schön fluffig auf. Damit er in der Pfanne nicht zu sehr verläuft, ist der Teig etwas dickflüssiger. Klassisch isst man ihn in den USA und Kanada mit warmem Ahornsirup, aber auch mit gebratenem Speck.

ZIMT-PANCAKES

mit Feigen und Granatapfel-Kernen

👤 8 STÜCK | 🕐 30 MINUTEN

- 25 g Haferflocken
- 160 g Mehl
- 150 ml Milch
- 2 EL Zucker
- 2 Eier (Größe M)
- 2 TL Backpulver
- ¼ TL Zimt
- 6 frische Feigen
- ½ Granatapfel
- 50 ml Orangensaft
- 8 EL Ahornsirup
- 50 g Butter
- 2 EL Kokoschips
- 2 Zweige Minze
- 2 EL geröstete Mandelblättchen

1. Haferflocken, Mehl, Milch, Zucker, Eier, Backpulver und Zimt zu einem glatten Teig verrühren.
2. Feigen waschen und in Spalten schneiden. Granatapfel halbieren, Kerne herauslösen. Mit Orangensaft, 2 EL Ahornsirup und Feigen vermischen.
3. Butter in einer großen Pfanne erhitzen. 8 Teigportionen nacheinander in die Pfanne gießen. Bei mittlerer Hitze von jeder Seite 3–4 Minuten goldbraun braten. Aus der Pfanne nehmen und auf Küchenpapier abtropfen lassen. Mit dem Feigen-Granatapfel-Salat servieren und mit restlichem Ahornsirup beträufeln. Mit Kokoschips, Minze und Mandelblättchen bestreut servieren.

 PRO STÜCK: CA. 260 KCAL, 6 G E, 11 G F, 34 G KH

BEEREN-MIX

mit Limetten-Minz-Marinade

👤 6 PORTIONEN | 🕐 10 MINUTEN
(PLUS MARINIERZEIT)

- 900 g gemischte Beeren (z. B. Erdbeeren, Brombeeren, Heidelbeeren, Himbeeren)
- 2–3 Bio-Limetten
- 3 Zweige Minze
- 2 EL Honig
- 1 Päckchen Vanillezucker

1. Beeren waschen. Erdbeeren halbieren und mit den anderen Beeren mischen. Schale von einer halben Limette fein abreiben, Saft aller Limetten auspressen. Minze waschen, Blättchen abzupfen und fein hacken.
2. Honig, Limettensaft, Limettenschale, Vanillezucker und Minze verrühren. Mit den Beeren mischen und 30 Minuten ziehen lassen.

Tipp: Je nach Saison auf tiefgekühlte Früchte zurückgreifen. Dafür die Früchte 30 Minuten bei Zimmertemperatur ausgepackt auf einem Teller auftauen.

   PRO PORTION: CA. 100 KCAL, 2 G E, 2 G F, 15 G KH

FRÜCHTE-MIX

mit Mandelmus

👤 6 PORTIONEN | 🕐 15 MINUTEN

- 1 Ananas
- 1 Honigmelone
- 200 g rote Trauben
- 2 Kiwis
- 2 Äpfel
- 1 Banane
- 200 g Heidelbeeren
- 2 Orangen
- 2 EL Mandelmus
- 2 EL Honig

1. Ananas schälen, halbieren, Strunk entfernen und Fruchtfleisch würfeln. Honigmelone halbieren, Kerne mit einem Löffel herauslösen, Schale entfernen und Fruchtfleisch würfeln. Trauben waschen, halbieren und Kerne entfernen. Kiwis schälen und würfeln. Äpfel waschen, vierteln, entkernen und in Stücke schneiden. Banane schälen und in Scheiben schneiden. Früchte auf eine Platte oder in eine Schüssel geben.
2. Orangen halbieren und Saft auspressen. Mandelmus, Orangensaft und Honig mit einem Pürierstab in einem hohen Gefäß mixen. Orangendressing auf den Früchten verteilen.

🌿 🚫 🥛 | PRO PORTION:
CA. 240 KCAL, 3 G E, 3 G F, 40 G KH

PERFEKT FÜR KÄLTERE TAGE
WARMER OBSTSALAT MIT SCHOKOLADE UND NÜSSEN
▶ www.yumtamtam.de/warmer-obstsalat/

DON'T CALL IT RÜHREI

Der feine französische Unterschied: Omelettes werden nicht gerührt, sondern garen als ganze Eiermasse in der Pfanne. In der Mitte dürfen sie aber gern noch ganz leicht flüssig sein. Voilà!

Omelette Grundrezept

👤 4 PORTIONEN | 🕐 15 MINUTEN

- 8 Eier (Größe M)
- 1 TL Salz, Pfeffer
- frisch geriebene Muskatnuss
- 50 ml Schlagsahne
- 30 g Butter

1. Eier, Salz, Pfeffer, Muskatnuss und Schlagsahne verrühren.
2. Eine große beschichtete Pfanne mit Butter erhitzen. Eiermasse in die Pfanne gießen. Bei schwacher Hitze 4 Minuten stocken lassen. Danach weitere 10–15 Minuten mit geschlossenem Deckel bei mittlerer Temperatur gar ziehen lassen.
3. Mithilfe eines Pfannenwenders in 4 Portionen teilen und aus der Pfanne auf die Teller gleiten lassen.

 | PRO PORTION: CA. 250 KCAL, 13 G E, 22 G F, 1 G KH

... mit Tomate und Schnittlauch

👤 4 PORTIONEN | 🕐 20 MINUTEN

- 1 Bund Schnittlauch
- 4 mittelgroße Tomaten
- 6 Eier (Größe M)
- Salz, Pfeffer
- 100 ml Schlagsahne
- 30 g Butter

1. Schnittlauch waschen und in feine Röllchen schneiden. Tomaten waschen, fein würfeln und den austretenden Saft abgießen.
2. Eier, Salz, Pfeffer und Sahne verquirlen. Eine große Pfanne mit Butter erhitzen. Eiermasse in die Pfanne geben. Schnittlauch und Tomatenwürfel hinzufügen und zugedeckt bei schwacher Hitze 10–15 Minuten stocken lassen.
3. Mithilfe eines Pfannenwenders in 4 Portionen teilen und aus der Pfanne auf die Teller gleiten lassen.

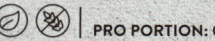 | PRO PORTION: CA. 270 KCAL, 12 G E, 23 G F, 4 G KH

... mit Champignons und Käse

👤 4 PORTIONEN | 🕐 20 MINUTEN

- 1 Zwiebel
- 200 g Champignons
- 30 g Butter
- 6 Eier (Größe M)
- Salz, Pfeffer
- frisch geriebene Muskatnuss
- 100 g geriebener Bergkäse
- 100 ml Schlagsahne
- 1 Beet Rucolakresse (oder andere Kresse)

1. Zwiebel schälen und fein würfeln. Champignons putzen und in dünne Scheiben schneiden. Eine große Pfanne mit Butter erhitzen. Zwiebel darin bei mittlerer Hitze unter Rühren glasig andünsten. Champignons hinzufügen und 5 Minuten anbraten. Dabei gelegentlich umrühren.
2. Eier, Salz, Pfeffer, Muskatnuss, Käse und Sahne verquirlen. Eiermasse zu den Pilzen in die Pfanne geben und zugedeckt bei schwacher Hitze 10–15 Minuten stocken lassen. Mithilfe eines Pfannenwenders in 4 Portionen teilen und aus der Pfanne auf die Teller gleiten lassen.
3. Rucolakresse mit einer Schere abschneiden und über die Omelettes streuen.

 | PRO PORTION: CA. 365 KCAL, 20 G E, 30 G F, 3 G KH

... mit Lachs und Dill

👤 4 PORTIONEN | 🕐 20 MINUTEN

- 1 Bund Dill
- 150 g Räucherlachs
- 6 Eier (Größe M)
- Salz, Pfeffer
- 100 ml Schlagsahne
- 30 g Butter

1. Dill fein hacken. Räucherlachs in Streifen schneiden.
2. Eier, Salz, Pfeffer und Sahne verquirlen. Eine große Pfanne mit Butter erhitzen. Eiermasse in die Pfanne geben. Lachs und Dill hinzufügen und zugedeckt bei schwacher Hitze 10–15 Minuten stocken lassen.
3. Mithilfe eines Pfannenwenders in 4 Portionen teilen und aus der Pfanne auf die Teller gleiten lassen.

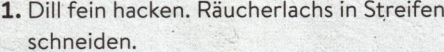 | PRO PORTION: CA. 360 KCAL, 21 G E, 30 G F, 1 G KH

Klassische Rinderrouladen mit Gurke und Senf S. 101

FEIN GEMACHT

Holt das gute Geschirr, heute spielen „Braten deluxe" und die „Rouladen-Rocker"!

Beilagen:

Knödel & Kroketten
S. 104-105
Schupfnudeln &
Spätzle
S. 112-113

WAS ROLLT DENN DA?

Das perfekte Rouladenfleisch muss vor allem eins sein: platt! Dabei spielt es keine Rolle, ob es vom Rind, Kalb, Huhn oder einer Pute kommt. Beim Rind stammt es aus der Ober- oder Unterschale. Beim Kalb wird meistens Schnitzel verwendet. Geflügelrouladen werden aus der Putenkeule oder dünn geschnittener Putenbrust gemacht. Aus Hähnchenbruststreifen entstehen kleine Mini-Rouladen, auch Involtini genannt.

KLASSISCHE RINDER-ROULADEN

mit Gurke, Senf und Knödeln

👤 6–8 PORTIONEN | 🕐 1 STUNDE 45 MINUTEN

- 2 Zwiebeln
- 8 kleine Gewürzgurken
- 8 Rinderrouladen aus der Keule (je 140 g)
- Salz, Pfeffer
- 8 EL Senf
- 8 Scheiben Speck
- 8 kleine Holzspieße
- 3 EL Bratöl
- 800 ml Rinderfond (Glas)
- 2 EL Speisestärke
- 150 g Crème fraîche

1. Zwiebeln schälen und würfeln. Gurken längs vierteln. Rouladen ausbreiten. Mit Salz und Pfeffer würzen. Mit Senf bestreichen und je 1 Scheibe Speck belegen. Gurkenspalten und Zwiebelwürfel darauf verteilen. Rouladen fest aufrollen und mit Holzspießen feststecken.

2. Öl in einem Bräter erhitzen. Rouladen bei starker Hitze rundherum anbraten. Mit Rinderfond ablöschen, aufkochen lassen und 1 Stunde bei mittlerer Hitze schmoren lassen. Dabei ab und zu wenden.

3. Speisestärke mit 3 EL kaltem Wasser anrühren. Rouladen aus der Sauce nehmen, Speisestärke einrühren und einmal aufkochen lassen. Crème fraîche unterrühren. Rouladen wieder hinzufügen und kräftig mit Salz und Pfeffer würzen. Dazu passen die Knödel von Seite 104.

PRO PORTION: CA. 565 KCAL, 38 G E, 43 G F, 6 G KH

ITALIENISCHE RINDER-ROULADEN

mit getrockneten Tomaten und Oregano

 6–8 PORTIONEN | 🕐 2 STUNDEN

- 100 g getrocknete Tomaten in Öl
- 4 Knoblauchzehen
- 8 Zweige Oregano
- 2 rote Zwiebeln
- Salz, Pfeffer
- 50 g gehackte Mandeln
- 100 g Kapern in Lake
- 8 Rinderrouladen aus der Keule (je 140 g)
- 8 Scheiben Parmaschinken
- 8 kleine Holzspieße
- 3 Zwiebeln
- 3 EL Bratöl
- 2 EL Tomatenmark
- 300 ml roter Traubensaft
- 800 ml Rinderfond (Glas)
- 2 EL Speisestärke

1. Tomaten abtropfen lassen, Öl auffangen und Tomaten in Streifen schneiden. Knoblauch schälen und in Scheiben schneiden. Oreganoblättchen abzupfen und fein hacken. Rote Zwiebeln schälen und in Spalten schneiden. 3 EL Tomatenöl, die Hälfte vom Knoblauch, Salz und Pfeffer fein pürieren bis eine Paste entsteht. Die Hälfte vom Oregano und Mandeln untermischen.

2. Kapern abtropfen lassen und grob hacken. Rindfleisch ausbreiten. Paste darauf verstreichen, getrocknete Tomaten und Kapern darauf verteilen. Parmaschinken darauflegen. Rouladen fest aufrollen und mit Holzspießen feststecken.

3. Zwiebeln schälen und klein würfeln. Öl in einem Bräter erhitzen. Rouladen bei starker Hitze rundherum anbraten. Herausnehmen und auf einen Teller legen. Zwiebeln, restlichen Knoblauch und restlichen Oregano 3 Minuten bei mittlerer Hitze braten. Tomatenmark hinzufügen. Mit Traubensaft und Rinderfond ablöschen und aufkochen lassen. Rouladen hinzufügen und 1,5 Stunden bei mittlerer Hitze schmoren lassen, dabei ab und zu wenden.

4. Speisestärke mit 3 EL kaltem Wasser anrühren. Rouladen aus der Sauce nehmen und Speisestärke einrühren, einmal aufkochen lassen und vom Herd ziehen. Rouladen wieder hinzufügen und kräftig mit Salz und Pfeffer würzen. Dazu passen Knödel und Semmelbröselschmelze (siehe Rezept Seite 104).

 | PRO PORTION: CA. 575 KCAL, 41 G E, 37 G F, 19 G KH

HAU DRAUF!!!
Rouladen werden besonders zart, wenn man sie vor dem Schmoren flach klopft. Dazu das Fleisch auf ein Brett legen, Frischhaltefolie drüber und mit dem Boden eines Stieltopfs platt hauen.

ASIATISCHE PUTEN-ROULADEN

mit Mango und Mandelblättchen

6–8 PORTIONEN | 1 STUNDE 20 MINUTEN

- 2 Mangos
- 3 Lauchzwiebeln
- 100 g Mandelblättchen
- 8 Putenrouladen aus der Keule (je 140 g)
- 8 TL Sambal Oelek
  (oder Chilisauce: siehe Rezept S. 155)
- Salz, Pfeffer
- 8 kleine Holzspieße
- 800 ml Wasser
- 2 TL DIY-Gewürzpaste
  (siehe Rezept S. 39)
- 3 EL Bratöl
- 2 EL Speisestärke
- 150 ml Crème fraîche
- 500 g Basmatireis
- ½ Bund Koriander

1. Mangos schälen, Fruchtfleisch vom Stein lösen und in Spalten schneiden. Lauchzwiebeln putzen und in Ringe schneiden. Mandelblättchen in einer Pfanne ohne Fett rösten.
2. Rouladen ausbreiten. Jeweils mit 1 TL Sambal Oelek bestreichen und mit 2 Mangospalten belegen. Lauchzwiebeln und Mandelblättchen darüberstreuen. Mit Salz und Pfeffer würzen. Rouladen aufrollen und mit Holzspießen feststecken.
3. Wasser und DIY-Gewürzpaste zu einer Brühe aufkochen. Öl in einem Bräter erhitzen. Rouladen bei starker Hitze rundherum anbraten. Mit Brühe ablöschen, aufkochen lassen und 40 Minuten bei mittlerer Hitze schmoren lassen. Dabei ab und zu wenden.
4. Speisestärke mit 3 EL kaltem Wasser anrühren. Rouladen aus der Sauce nehmen, Speisestärke einrühren, einmal aufkochen lassen. Crème fraîche unterrühren. Rouladen wieder hinzufügen und mit Salz und Pfeffer würzen.
5. Reis in Salzwasser 15 Minuten garen. Koriander fein hacken. Rouladen mit Reis und mit Koriander bestreut servieren.

PRO PORTION: CA. 610 KCAL, 43 G E, 23 G F, 57 G KH

GUT GEROLLT

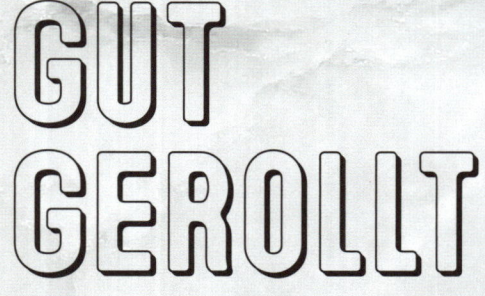

KNÖDEL FORMEN

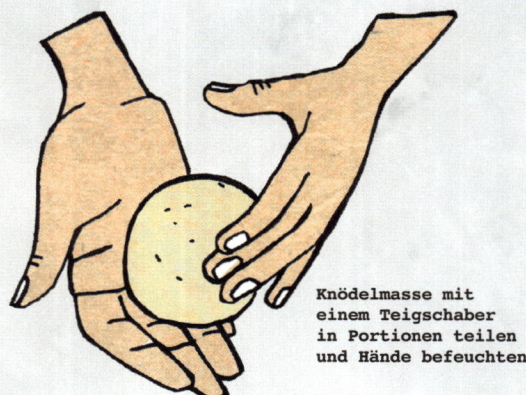

Knödelmasse mit einem Teigschaber in Portionen teilen und Hände befeuchten.

Knödel zwischen den Handinnenflächen kreisend zu einer Kugel formen.

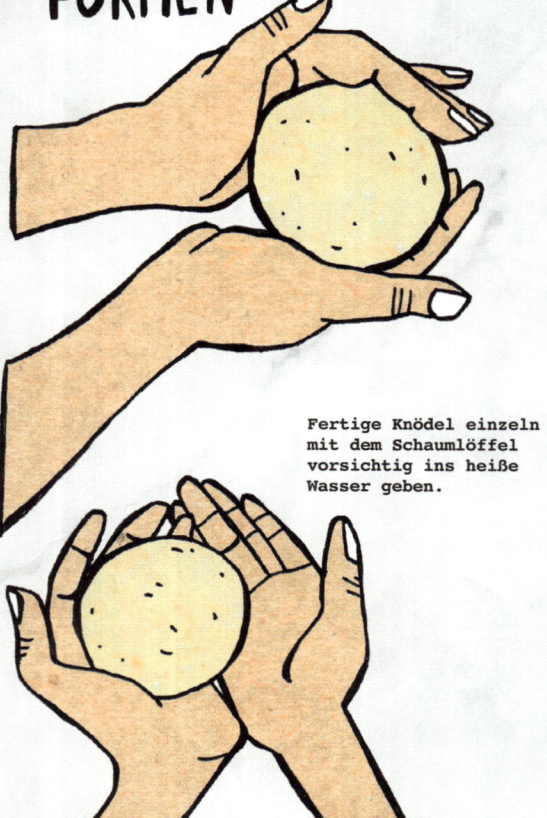

Fertige Knödel einzeln mit dem Schaumlöffel vorsichtig ins heiße Wasser geben.

Knödel mit Semmelbrösel-schmelze

🧍 4 PORTIONEN | 🕐 1 STUNDE 15 MINUTEN

- 1,5 kg große mehligkochende Kartoffeln
- 30 g Hartweizengrieß
- 2 Eier (Größe M)
- Salz, Pfeffer aus der Mühle
- frisch geriebene Muskatnuss
- 70 g Butter
- 75 g Semmelbrösel (Paniermehl)

1. Kartoffeln schälen, waschen. 500 g grob würfeln und 20 Minuten in Salzwasser kochen. Abgießen und zerstampfen. Restliche Kartoffeln mit der Küchenreibe fein reiben. Geriebene Kartoffeln in ein Sieb geben und die Feuchtigkeit gut ausdrücken. Geriebene Kartoffeln und zerstampfte Kartoffeln mit Grieß und 2 Eiern verrühren. Mit Salz, Pfeffer und Muskatnuss würzen. Teig 15 Minuten ruhen lassen.
2. Mit angefeuchteten Händen 8 Knödel formen. In einem großen Topf Wasser mit Salz zum Kochen bringen. Knödel ins Wasser geben und bei schwacher Hitze 20 Minuten köcheln lassen. Die Knödel sind fertig, wenn sie an die Wasseroberfläche steigen.
3. In der Zwischenzeit Butter in einer Pfanne erhitzen und aufschäumen lassen. Semmelbrösel zufügen und bei mittlerer Temperatur goldbraun rösten.
4. Knödel mit einer Schaumkelle aus dem Wasser heben. Gut abtropfen lassen und mit der Semmelbrösel-schmelze servieren.

🌱 | PRO PORTION: CA. 260 KCAL, 7 G E, 9 G F, 31 G KH

Kroketten

 4 PORTIONEN | 🕐 1 STUNDE

- 750 g mehligkochende Kartoffeln
- 3 Eier (Größe M)
- 20 g Butter
- 30 g Weichweizengrieß
- Salz, Pfeffer aus der Mühle
- frisch geriebene Muskatnuss
- 100 g Semmelbrösel (Paniermehl)
- Mehl zum Formen
- 1 l Sonnenblumenöl zum Frittieren

1. Kartoffeln schälen, waschen und vierteln. In Salzwasser 15 Minuten kochen. In der Zwischenzeit Backofen auf 180 Grad (Umluft 160) vorheizen. Kartoffeln abgießen und im Ofen 15 Minuten ausdämpfen lassen. Dann durch eine Kartoffelpresse drücken. 2 Eier trennen. Kartoffeln, Eigelbe, Butter und Grieß verrühren. Mit Salz, Pfeffer und Muskatnuss würzen. Die Masse sollte noch leicht feucht und gut formbar sein.
2. Die 2 Eiweiße mit übrigem Ei in einem tiefen Teller verquirlen. Semmelbrösel auf einen flachen Teller geben.
3. Kartoffelmasse auf einer bemehlten Arbeitsfläche portionsweise zu 2–3 cm dicken Rollen formen. Rollen in 5 cm lange Stücke schneiden. Stücke zuerst in der Eimasse und dann im Paniermehl wenden und gut andrücken.
4. Teller mit Küchenpapier bereitstellen. Sonnenblumenöl in einem Topf erhitzen. Kroketten etwa 4–5 Minuten goldbraun frittieren. Mit einer Schaumkelle herausheben und auf dem Küchenpapier abtropfen lassen.

🍃 | PRO PORTION: CA. 565 KCAL, 13 G E, 34 G F, 33 G KH

PERFEKT FÜR GEMÜSE-FANS:
SPINATKNÖDEL MIT TOMATEN-BUTTER UND PARMESAN
 www.yumtamtam.de/spinatknoedel/

KROKETTEN ROLLEN

Den Teig auf einem Brett zu einer Rolle formen und in 5 cm lange Stücke schneiden.

STINKEFINGER ADE!
Knoblauchschälen
geht auch ganz ohne
den penetranten Kno-
bi-Duft an den Hän-
den. Dazu eine oder
mehrere Zehen in ein
sauberes Marmeladen-
glas füllen, Deckel
zuschrauben und sehr
gut schütteln — so
löst sich die Schale
von selbst.

NO-VAMPIRE-CHICKEN

mit 20 Knoblauchzehen

👤 8 PORTIONEN | 🕐 1 STUNDE 45 MINUTEN

- 20 Knoblauchzehen
- 2 küchenfertige Hähnchen (je 1,5 kg)
- Salz, Pfeffer
- 2 EL edelsüßes Paprikapulver
- 2 Bio-Zitronen
- 1,5 kg festkochende Kartoffeln
- 2 rote Zwiebeln
- 9 EL Olivenöl
- 1 Kopf grüner Blattsalat
- 1 EL Dijon-Senf
- 1 EL Honig
- 3 EL Balsamico-Essig
- 100 g Sonnenblumenkerne

1. Backofen auf Umluft 180 Grad vorheizen. 16 Knoblauchzehen schälen und halbieren. Beide Hähnchen mit kaltem Wasser abspülen, trocken tupfen. Von innen und außen mit Salz, Pfeffer und Paprika würzen. Zitronen halbieren und in Scheiben schneiden. Je 8 Knoblauchzehen und Zitronenscheiben in den Bauchraum der Hähnchen füllen. Hähnchen auf ein mit Backpapier ausgelegtes Backblech geben und 70 Minuten im Ofen garen.
2. In der Zwischenzeit Kartoffeln schälen, waschen und in Spalten schneiden. Zwiebeln schälen und in Spalten schneiden. 4 Knoblauchzehen schälen und in Scheiben schneiden. Kartoffeln, Zwiebeln, Knoblauch, 5 EL Olivenöl, Salz und Pfeffer in einer Schüssel gut vermischen.
3. Kartoffeln auf einem weiteren mit Backpapier ausgelegten Backblech verteilen. Kartoffelblech nach 40 Minuten Garzeit der Hähnchen mit in den Ofen schieben und zusammen 30 Minuten weiter garen.
4. Salat waschen, abtropfen lassen und in Stücke zupfen. Für das Dressing 4 EL Olivenöl, Dijon-Senf, Honig, Balsamico-Essig, Salz und Pfeffer verrühren. Salat und Dressing gut vermischen. Sonnenblumenkerne rösten, leicht salzen. Über den Salat streuen. Mit Hähnchen und Kartoffeln servieren.

 | PRO PORTION: CA. 580 KCAL, 54 G E, 22 G F, 39 G KH

F&A

WANN IST DAS GULASCH FERTIG?

So, jetzt erst mal alle entspannen: Gutes Gulasch kann nicht zu lange kochen! Perfekt ist es, wenn das Fleisch unter dem sanften Druck einer Gabel ganz leicht zerfällt. Ist es noch zu hart: weiter kochen und noch einmal die Gabel zücken.

OMAS GULASCH

mit champignons

👤 6–8 PORTIONEN | 🕐 2 STUNDEN (PLUS ZIEHZEIT ÜBER NACHT)

- 6 Zwiebeln
- 4 EL Sonnenblumenöl
- 1,5 kg gemischtes Gulasch
- Salz, Pfeffer
- 4 TL edelsüßes Paprikapulver
- 4 EL Mehl
- 2 EL Tomatenmark
- 1 l Instant-Gemüsebrühe
- 300 ml Rotwein (alternativ Traubensaft)
- 750 g Champignons
- ½ Bund Petersilie
- 500 g Spirelli-Nudeln
- 20 g Butter

1. Zwiebeln schälen und würfeln. Öl in einem großen Topf erhitzen. Fleisch bei starker Hitze kräftig darin anbraten. Dabei mit Salz und Pfeffer würzen. Zwiebeln hinzufügen und 4 Minuten mitrösten. Paprikapulver, Mehl und Tomatenmark hinzufügen. Mit Brühe und Rotwein ablöschen. alles aufkochen und mit Deckel mindestens 60 Minuten bei milder Hitze schmoren lassen.

2. Champignons putzen, in Scheiben schneiden und nach 40 Minuten Garzeit zum Fleisch geben. Nach Garzeitende Gulasch abkühlen lassen und über Nacht im Kühlschrank ziehen lassen.

3. Am nächsten Tag Petersilie waschen, abtropfen lassen und fein hacken. Nudeln in Salzwasser 8 Minuten bissfest garen, abgießen und mit Butter mischen. Gulasch nochmals aufkochen, mit Salz und Pfeffer abschmecken. Gulasch mit Nudeln und mit Petersilie bestreut servieren.

PRO PORTION: CA. 740 KCAL, 49 G E, 33 G F, 57 G KH

SCHWEINE-BRATEN

mit Ofengemüse

 6–8 PORTIONEN | 3 STUNDEN

- 300 g Zwiebeln
- 4 Knoblauchzehen
- 2 kg Schweinenackenbraten
- Salz, Pfeffer
- 3 TL edelsüßes Paprikapulver
- 4 EL Sonnenblumenöl
- 1 Rosmarinzweig
- 400 ml Fleischfond (Glas)
- 4 TL Kräuter der Provence
- 500 g Möhren
- 300 g Hokkaido-Kürbis
- 3 Fenchelknollen
- 1 kg große festkochende Kartoffeln
- 4 EL Olivenöl
- 2 TL Meersalz
- 4 Lauchzwiebeln

1. Backofen auf 170 Grad (Umluft nicht geeignet) vorheizen. Zwiebeln schälen und vierteln. Knoblauch schälen und in Scheiben schneiden. Fleisch mit Salz, Pfeffer und Paprikapulver einreiben. Öl in einem Bräter erhitzen. Fleisch darin rundherum anbraten. Zwiebeln, Knoblauch und Rosmarinzweig hinzufügen. Fond und 2 TL Kräuter der Provence dazugeben. Ohne Deckel 1,5 Stunden auf der untersten Schiene im Ofen garen. Dabei den Braten immer wieder mit dem Fond übergießen.

2. In der Zwischenzeit Möhren schälen und längs halbieren. Hokkaido-Kürbis waschen, halbieren, entkernen und mit Schale in Spalten schneiden. Fenchel waschen, putzen und in Spalten schneiden. Kartoffeln schälen, waschen und längs vierteln. Möhren, Kürbis, Fenchel und Kartoffeln mit Olivenöl, Meersalz und 2 TL Kräuter der Provence vermischen. Bräter aus dem Ofen nehmen und den Braten vorsichtig herausnehmen. Gemüse im Bräter verteilen, Schweinebraten daraufsetzen und weitere 30 Minuten im Ofen garen. Dabei den Braten gelegentlich mit etwas Fond übergießen. Lauchzwiebeln putzen, in feine Ringe schneiden und 10 Minuten vor Ende der Garzeit hinzufügen.

3. Schweinebraten aus dem Bräter nehmen, in Scheiben schneiden und mit dem Ofengemüse servieren.

Tipp: Wer noch etwas von diesem oberköstlichen Braten übrig behält, kann die Reste am nächsten Tag kalt auf Brot zu einem Sandwich verarbeiten!

  | PRO PORTION: CA. 785 KCAL, 52 G E, 51 G F, 29 G KH

Genussmomente

FLEISCHLOSE ALTERNATIVE:
JULIAS VEGANER NUSSBRATEN

▶ www.edeka.de/nussbraten

GEROLLT ODER GEPRESST?

schupfnudeln

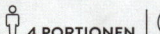 4 PORTIONEN | ⏱ 1 STUNDE

- 500 g mehligkochende Kartoffeln
- 1 EL Speisestärke
- 4 Eigelbe (Größe M)
- 50 g Mehl (plus etwas Mehl zum Arbeiten)
- 50 g Weichweizengrieß
- Salz, Pfeffer
- frisch geriebene Muskatnuss
- 40 g Butter

1. Kartoffeln waschen, mit Schale 20 Minuten kochen. Abgießen, etwas abkühlen lassen, pellen und durch die Kartoffelpresse drücken. Kartoffeln, Speisestärke, Eigelbe, Mehl, Grieß, Salz, Pfeffer und Muskatnuss zu einem glatten Teig verkneten.
2. Teig auf bemehlter Arbeitsfläche zu zwei etwa 3 cm dicken Rollen formen. Rollen in 2 cm breite Stücke schneiden und diese mit den Händen zu länglichen Rollen formen.
3. Einen großen Topf mit Salzwasser aufkochen. Schupfnudeln hineingleiten und 3 Minuten darin ziehen lassen. Eine Schüssel mit kaltem Wasser neben den Herd stellen. Schupfnudeln mit einer Schaumkelle herausheben, in das kalte Wasser eintauchen und gut abtropfen lassen.
4. Butter in einer Pfanne erhitzen und Schupfnudeln darin 5 Minuten goldbraun braten.

🌱 | PRO PORTION: CA. 330 KCAL, 8 G E, 15 G F, 39 G KH

SCHUPFNUDELN ROLLEN

SPÄTZLE PRESSEN

FOODHACK

SCHWOB, SCHWOB, HURRA! Was die wenigsten wissen: Die Spätzlepresse, auch Spätzle-Schwob genannt, wurde 1969 von Dario Fontanella, einem Eiskonditor in Mannheim, zweckentfremdet. Er entschloss sich, Vanilleeis hindurchzupressen und das Ganze mit Erdbeersauce und weißen Schokostreuseln zu garnieren. Fertig war das allererste Spaghetti-Eis der Welt! Kein Schwob in der Küche? Aber vielleicht ein Hobel oder ein Brett, über dessen Kante der Teig geschabt wird. So machen's die Profis. Das braucht allerdings etwas Übung.

Spätzle

👤 4 PORTIONEN | 🕐 45 MINUTEN

· 500 g Mehl
· 5 Eier (Größe M)
· 1 TL Salz
· 40 g Butter zum Schwenken

1. Mehl, Eier, Salz und 150 ml lauwarmes Wasser mit den Knethaken des Mixers zügig zu einem geschmeidigen Teig verkneten, bis der Teig Blasen wirft.
2. Einen großen Topf mit Salzwasser aufkochen. Teig portionsweise in eine Spätzlepresse geben und ins kochende Wasser drücken. Sobald die Spätzle an die Oberfläche steigen (das dauert etwa 1–2 Minuten), mit einer Schaumkelle herausnehmen und warm halten. Spätzle in Butter schwenken und servieren.

PRO PORTION: CA. 590 KCAL, 21 G E, 17 G F, 89 G KH

FRISCH GEFISCHT

Ich glaub,
ich hab kein Netz.
Macht nix, wir nehmen
einfach die Angel ...

Seelachs-
stäbchen
in Pankopanade
S. 117

SEELACHS-STÄBCHEN

in Pankopanade

👤 6 PORTIONEN | 🕐 45 MINUTEN

- 4 Eier (Größe M)
- 3 Bio-Limetten
- 125 ml Olivenöl
- 200 g Joghurt
- Salz, Pfeffer
- 1 kg Seelachsfilet
- 2 EL Milch
- 5 EL Mehl
- 150 g Panko (grobes Paniermehl)
- 8 EL Sonnenblumenöl

1. Für die Mayonnaise 2 Eier trennen. Schale von 1 Limette fein abreiben und den Saft auspressen. Eigelbe und Olivenöl in ein hohes Gefäß füllen. Den Pürierstab eintauchen und beim Mixen immer wieder langsam hochziehen. Limettenschale, -saft und Joghurt unter die Mayonnaise rühren. Mit Salz und Pfeffer abschmecken.

2. Fischfilets waschen, trocken tupfen und in Stäbchen schneiden. 2 Eier, Milch und restliche Eiweiße in einem tiefen Teller verquirlen. Mehl, Salz und Pfeffer in einem tiefen Teller vermischen. Pankobrösel in einen tiefen Teller geben. Fischstäbchen zuerst im Mehl wenden. Stücke dann in den verquirlten Eiern und zum Schluss in den Pankobröseln wenden. Brösel gut andrücken.

3. Einen großen Teller mit Küchenpapier auslegen. Sonnenblumenöl in einer großen, beschichteten Pfanne erhitzen. Fischstäbchen bei mittlerer Hitze 6–8 Minuten goldgelb braten. Auf Küchenpapier gut abtropfen lassen. Restliche Limetten in Spalten schneiden. Fischstäbchen mit Mayo servieren und mit Limettensaft beträufeln.

PRO PORTION: CA. 670 KCAL, 40 G E, 44 G F, 9 G KH

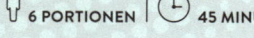 F&A

WORAN ERKENNE ICH NACHHALTIGEN FISCH?

 Der MARINE STEWARDSHIP COUNCIL vergibt sein Logo an Fischereien, die Wildfisch umweltschonend und bestandserhaltend fischen.

Auch die Richtlinien von BIOLAND basieren auf den EU-Biorichtlinien, gehen aber in Teilen über sie hinaus. Bei Zuchtfisch zertifiziert Bioland aktuell nur Friedfische, also Fischarten, die keine anderen Fische essen wie etwa der Karpfen.

 Das NATURLAND-SIEGEL zeichnet Fisch aus, der aus Bio-Zucht oder nachhaltigem Fischfang stammt, auf das Wohl der Tiere wird geachtet. In der Zucht gibts keine chemisch-synthetischen Futtermittelzusätze.

 Das Siegel des AQUACULTURE STEWARDSHIP COUNCIL steht für verantwortungsvolle konventionelle Fischzucht, die ökologische und soziale Kriterien berücksichtigt.

F&A

JO, ALLES IM JOD, DIGGER?

In Seefischen steckt eine ordentliche Portion Jod, und dieses Spurenelement ist nicht zu verachten, denn es kurbelt einige wichtige Prozesse im Körper an. Als Teil der Schilddrüsenhormone ist es am Stoffwechsel beteiligt. Und weil wir es nicht selbst herstellen können, müssen wir es durch die Nahrung zu uns nehmen, zum Beispiel mit Lachs.

LACHS-MANGOLD-PÄCKCHEN

mit Kokosmilch und Zitronengras

 6 PORTIONEN | 1 STUNDE

- 6 große Mangoldblätter
- 1 Stange Zitronengras
- 6 Lachsfilets (je 125 g)
- Salz, Pfeffer
- 6 kleine Holzspieße
- 800 ml Kokosmilch
- 1,2 kg Möhren
- 2 Lauchzwiebeln
- 2 EL Sesamöl
- 2–3 EL Limettensaft

1. Mangoldblätter in kochendem Wasser 2 Minuten garen, herausnehmen, kalt abspülen und auf Küchenpapier gut abtropfen lassen. Zitronengras waschen und in feine Ringe schneiden. Backofen auf 180 Grad (Umluft 160) vorheizen.

2. Fisch waschen, trocken tupfen, mit Salz, Pfeffer und der Hälfte des Zitronengrases bestreuen. Mit den Mangoldblättern umwickeln und mit Holzspießchen feststecken. Lachspäckchen in eine feuerfeste Form legen. Mit 200 ml Kokosmilch übergießen. Form mit Alufolie zudecken und Fischpäckchen im Ofen 25 Minuten garen.

3. Möhren schälen und fein würfeln. Lauchzwiebeln putzen und in feine Ringe schneiden. Öl in einem Topf erhitzen. Möhren, Lauchzwiebeln (bis auf einige Ringe für die Deko) und restliches Zitronengras andünsten. Mit restlicher Kokosmilch ablöschen und 4 Minuten offen köcheln lassen. Gemüse mit Salz, Pfeffer und Limettensaft abschmecken. Lachspäckchen mit Gemüse servieren. Mit Zwiebelringen bestreuen. Dazu passt Basmatireis.

 PRO PORTION: CA. 415 KCAL, 34 G E, 25 G F, 12 G KH

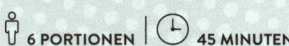

FORELLEN-FILETS IN PESTOKRUSTE

mit Kartoffelstampf und gebratenen Zwiebelringen

👤 6 PORTIONEN | 🕐 45 MINUTEN

- 1 kg große mehligkochende Kartoffeln
- 200 g Basilikum-Pesto (siehe Rezept S. 56)
- 5 EL Semmelbrösel
- 50 g Mandelblättchen
- 4 rote Zwiebeln
- 2 EL Olivenöl
- Salz, Pfeffer
- 5 EL Zitronensaft
- 20 g Butter für die Form
- 6 Lachsforellen-Filets mit Haut (je 125 g)
- frisch geriebene Muskatnuss
- 3 Zweige Basilikum

1. Kartoffeln schälen, waschen und in kochendem Salzwasser 20 Minuten garen. Für die Pestokruste 120 g Festo mit Semmelbröseln und Mandelblättchen vermischen. Zwiebeln schälen und in Ringe schneiden. Öl in einer Pfanne erhitzen und Zwiebelringe 6–8 Minuten darin braten. Mit Salz, Pfeffer und 2 EL Zitronensaft würzen.
2. Backofen auf 200 Grad (Umluft 180) vorheizen. Eine ofenfeste Form mit Butter einfetten und die Fischfilets mit der Hautseite nach unten hineinlegen. Pestobröse darauf verteilen. Fisch im heißen Ofen 10 Minuten garen.
3. Kartoffeln abgießen und zerstampfen. Restliches Pesto unterrühren. Mit Salz, Pfeffer und Muskatnuss würzen.
4. Fisch mit Zwiebelringen und Kartoffelstampf anrichten. Basilikumblättchen abzupfen und darüberstreuen. Übrigen Zitronensaft über den Fisch träufeln.

PRO PORTION: CA. 500 KCAL, 35 G E, 24 G F, 29 G KH

WAS MACHT DER PANDA DA?

WWF

EDEKA UND WWF SIND PARTNER FÜR NACHHALTIGE FISCHEREI

Viele EDEKA-Eigenmarken-Produkte tragen den WWF Panda, wenn sie die vom WWF anerkannten ökologischen Standards erfüllen und entsprechend zertifiziert sind. So bietet das Logo eine wertvolle Orientierungshilfe beim Einkauf. Wer speziell bei Fisch auf Nummer sicher gehen will, schaut am besten im Fischratgeber des WWF nach: www.fischratgeber.wwf.de

Cheeseburger
mit Guacamole
S. 124

SOUL FOOD

Ob Regenwetter, doofe Laune
oder Herzschmerz –
manchmal muss es
Seelenfutter sein!

CHEESEBURGER

mit Guacamole und karamellisierten Zwiebelringen

6 PORTIONEN | 1 STUNDE

- 2 Avocados
- 3 Knoblauchzehen
- 4 rote Zwiebeln
- 3 EL Limettensaft
- Salz, Pfeffer
- 1 Prise Chilipulver
- 6 EL Sonnenblumenöl
- 4 EL Zucker
- 2 Tomaten
- 4 Gewürzgurken
- 750 g Rinderhack
- 1 TL Paprikapulver
- 3 EL Semmelbrösel
- 2 Eigelbe (Größe M)
- 6 Burger-Brötchen
- 2 EL Senf
- 6 EL Ketchup
- 6 Salatblätter
- 6 Scheiben Käse

1. Für die Guacamole Avocados halbieren, den Kern entfernen und das Fruchtfleisch mit einem Löffel herauslösen. Knoblauch und 1 Zwiebel schälen und grob hacken. Avocado, Knoblauch, Zwiebel, Limettensaft, Salz, Pfeffer und Chili in ein hohes Gefäß füllen und mit einem Pürierstab fein mixen.
2. Restliche Zwiebeln pellen und in feine Ringe schneiden. 2 EL Öl in einer Pfanne erhitzen, Zwiebelringe darin andünsten. Zucker hinzufügen und karamellisieren lassen.
3. Tomaten waschen und in Scheiben schneiden. Gewürzgurken in Scheiben schneiden. Hackfleisch, Paprikapulver, Semmelbrösel, Salz, Pfeffer und Eigelb verrühren. Aus der Masse 6 Patties formen. 4 EL Öl in einer Pfanne erhitzen, Patties darin auf jeder Seite 2–3 Minuten braten.
4. Burgerbrötchen im Ofen oder auf dem Toasteraufsatz rösten. Obere Brötchenhälften mit Senf und Ketchup bestreichen. Untere Brötchenhälften mit Salatblättern, gebratenen Patties, Tomaten, Käse, roten Zwiebeln, Gewürzgurke und Guacamole belegen und die obere Brötchenhälfte darauflegen.

PRO PORTION: CA. 760 KCAL, 40 G E, 51 G F, 30 G KH

SPAGHETTI BOLOGNESE

 4 PORTIONEN |  1 STUNDE 15 MINUTEN

- 250 g Möhren
- 2 Stangen Staudensellerie
- 2 Knoblauchzehen
- 2 rote Zwiebeln
- 1 rote Paprikaschote
- 1 Bund Petersilie
- 5 EL Olivenöl
- 500 g gemischtes Hackfleisch
- 2–3 EL Tomatenmark
- 200 ml Instant-Gemüsebrühe
- 2 Dosen gehackte Tomaten
  (je 425 ml Inhalt)
- Salz, Pfeffer
- 500 g Spaghetti
- 150 g Parmesan

1. Möhren schälen und fein würfeln. Staudensellerie waschen und in Scheiben schneiden. Knoblauch schälen und fein hacken. Zwiebeln schälen und fein würfeln. Paprika waschen, halbieren, entkernen und fein würfeln. Petersilie fein hacken.

2. 3 EL Olivenöl in einem breiten Topf erhitzen. Zwiebeln, Knoblauch und Gemüse darin andünsten. Hackfleisch hinzufügen und kräftig anbraten. Tomatenmark und Brühe dazugeben. Tomaten aus der Dose hinzufügen, aufkochen und zugedeckt 45 Minuten bei mittlerer Hitze kochen lassen. Dabei gelegentlich umrühren. Petersilie untermischen. Sauce kräftig mit Salz und Pfeffer würzen.

3. Spaghetti in einem großen Topf mit Salzwasser 6–8 Minuten bissfest garen. Abgießen und mit 2 EL Olivenöl vermischen. Nudeln mit Bolognese servieren. Parmesan frisch darüberreiben.

 | PRO PORTION: CA. 1.130 KCAL, 60 G E, 50 G F, 110 G KH

FAMILY-PIZZA QUATTRO GUSTI

mit vier verschiedenen Belägen

👤 4–6 PORTIONEN | 🕐 1 STUNDE (PLUS GEHZEIT)

Für den Teig:
- ½ Würfel Hefe (20 g)
- 1 EL Zucker
- 500 g Mehl
  (plus etwas Mehl zum Ausrollen)
- 300 ml Wasser
- 2 EL Olivenöl
- Salz, Pfeffer
- 350 ml Tomatensauce (Fertigprodukt)

Für den Salami-Brokkoli-Belag:
- ½ Brokkoli
- 1 rote Zwiebel
- 100 g Mais (aus der Dose)
- 50 g Rucola
- 100 g Salami in Scheiben
- 100 g geriebener Gouda

Für den Artischocken-Oliven-Belag:
- 1 Dose Artischocken (425 ml Inhalt)
- 1 Kugel Mozzarella (125 g)
- 10 Kirschtomaten
- 50 g schwarze Oliven ohne Stein,
  in Scheiben geschnitten
- 2 Zweige Basilikum

Für den Rucola-4-Käse-Belag:
- ½ Kugel Mozzarella
- 50 g Rucola
- 50 g Schafskäse
- 50 g Ziegenkäse
- 50 g geriebener Gouda

Für den Thunfisch-Kapern-Belag:
- 4 mittelgroße Tomaten
- 1 Dose Thunfisch im eigenen Saft
- 2 EL Kapern
- 1 rote Zwiebel
- 50 g Rucola
- 100 g geriebener Gouda

1. Für den Teig die Hefe zerbröseln und mit Zucker, 1 EL Mehl und 2 EL lauwarmem Wasser verrühren. 20 Minuten an einem warmen Ort stehen lassen. Mehl, lauwarmes Wasser, Hefeansatz, Olivenöl und 2 TL Salz mit den Knethaken des Mixers zu einem glatten Teig verarbeiten. An einem warmen Ort abgedeckt 1 Stunde gehen lassen Backofen auf 220 Grad (Umluft 200) vorheizen.

2. Für den **Salami-Brokkoli-Belag** den Brokkoli in Röschen schneiden, waschen und im kochenden Salzwasser 3 Minuten garen. Abtropfen lassen. Zwiebel schälen und in Ringe schneiden, Mais abtropfen lassen. Rucola waschen und trocken schleudern. Für den **Artischocken-Oliven-Belag** die Artischocken und den Mozzarella abtropfen lassen. Für den **Rucola-4-Käse-Belag** Mozzarella abtropfen lassen. Rucola waschen und trocken schleudern. Schafskäse zerbröckeln und Ziegenkäse in Scheiben schneiden. Für den **Thunfisch-Kapern-Belag** die Tomaten waschen und in Scheiben schneiden. Thunfisch abtropfen lassen und zerteilen. Kapern abtropfen lassen. Zwiebel schälen und in Ringe schneiden. Rucola waschen und trocken schleuern.

3. Backblech mit Backpapier auslegen. Teig auf einer bemehlten Arbeitsfläche auf Backblechgröße ausrollen. Auf das Backblech legen und am Rand gut andrücken. Tomatensauce auf dem Teig verteilen, mit Salz und Pfeffer würzen und mit den Zutaten für die vier Varianten belegen, außer Rucola und Basilikum. Pizza im heißen Ofen 20 Minuten backen. Vorsichtig aus dem Ofen nehmen und mit Rucola und Basilikum bestreuen.

 PIZZA ARTISCHOCKEN-OLIVEN UND PIZZA RUCOLA-4-KÄSE
PRO PORTION: CA. 355 KCAL, 16 G E, 15 G F, 38 G KH

SÜSSES GEHT IMMER

So ist das mit dem Bauch: Eben noch voll, und schwupps 'ne Lücke gefunden, in die reiiiiin zufällig noch Nachtisch passt ...

Rote Grütze mit Vanille-sauce S. 130

Orangen-
Tiramisu
S. 131

Schokoladen-
Pudding
S. 130

SCHOKOLADEN-PUDDING

mit dreifach schoki

👤 6–8 PORTIONEN | 🕐 25 MINUTEN (PLUS KÜHLZEIT)

- 60 g Vollmilch-Kuvertüre
- 60 g Zartbitter-Kuvertüre
- 60 g weiße Kuvertüre
- 1 l Milch
- 5 EL Speisestärke
- 1 EL Zucker
- 2 EL dunkle und helle Kuvertüre-Raspel

1. Kuvertüren hacken. 900 ml Milch erhitzen und Kuvertüre darin schmelzen lassen. Restliche Milch, Speisestärke und Zucker gut verrühren.
2. Schokomilch unter ständigem Rühren zum Kochen bringen (dabei stehen bleiben, sonst brennt sie an). Angerührte Speisestärke mit einem Schneebesen unterrühren. Alles unter Rühren nochmals aufkochen und in eine Schüssel füllen. Abkühlen lassen. Restliche Kuvertüre grob raspeln und über den abgekühlten Pudding streuen.

 | PRO PORTION: CA. 240 KCAL, 5 G E, 7 G F, 19 G KH

ROTE GRÜTZE

mit Vanillesauce

👤 6–8 PORTIONEN | 🕐 30 MINUTEN (PLUS KÜHLZEIT)

- 80 g Zucker
- 300 ml Kirschsaft
- 9 EL Speisestärke
- 800 g gemischte, tiefgekühlte Waldbeeren
- 1 Vanilleschote
- 200 ml Milch
- 3 Päckchen Vanillezucker
- 200 ml Schlagsahne
- 4 Zweige Minze

1. Zucker und Kirschsaft aufkochen. 5 EL Speisestärke mit 6 EL kaltem Wasser verrühren, in den heißen Kirschsaft einrühren und einmal aufkochen lassen. Beeren hinzufügen und alles nochmals kurz aufkochen. Rote Grütze in eine Schüssel füllen und kalt stellen.
2. Übrige Speisestärke mit 6 EL kaltem Wasser anrühren. Vanilleschote längs halbieren und das Mark herauskratzen. Milch, Vanillezucker, ausgekratzte Vanilleschotenhälften, Sahne und Vanillemark aufkochen. Angerührte Speisestärke mit einem Schneebesen einrühren, Sauce nochmals aufkochen und durch ein Sieb passieren. Vanillesauce abkühlen lassen. Rote Grütze in Gläser füllen, Vanillesauce dazugeben und mit Minze garnieren.

 | PRO PORTION: CA. 260 KCAL, 3 G E, 10 G F, 38 G KH

ORANGEN-TIRAMISU

mit Beeren und weißer Schokolade

👤 6–8 PORTIONEN | 🕐 30 MINUTEN (PLUS ZIEHZEIT)

- 2 Bio-Orangen
- 250 g Speisequark (40 % Fett)
- 250 g Mascarpone
- 6 EL Puderzucker
- 125 g Himbeeren
- 125 g Brombeeren
- 100 g weiße Kuvertüre
- 100 ml Wasser
- 6 TL Instant-Espressopulver
- 200 g Löffelbiskuits
- 2 EL Kakaopulver

1. Schale von einer Orange fein abreiben. Beide Orangen auspressen. Quark, Mascarpone, 3 EL Puderzucker und Orangenschale verrühren. Orangensaft, Himbeeren und Brombeeren unterrühren.
2. Kuvertüre hacken und in einer Edelstahlschüssel über einem heißen Wasserbad schmelzen lassen.
3. 100 ml Wasser zum Kochen bringen und mit Espressopulver verrühren. Eine Form mit der Hälfte des Löffelbiskuits auslegen. Mit 50 ml Espresso beträufeln. Mit der Creme bestreichen. Darüber die restlichen Löffelbiskuits auslegen und mit dem restlichen Espresso beträufeln. Mit Kakao bestäuben.
4. Weiße Kuvertüre mit einem Löffel darübersprenkeln. Tiramisu 30 Minuten im Kühlschrank ziehen lassen.

Tipp: Für die Low-Fat-Variante den Mascarpone ganz oder zur Hälfte durch Magerquark ersetzen.

🌿 | PRO PORTION: CA. 585 KCAL, 13 G E, 34 G F, 56 G KH

F&A

WAS BEDEUTET EIGENTLICH TIRAMISU?

Die Italiener haben die lustigsten Namen für ihre Rezepte. Im Fall des Nachtischklassikers lautet die Übersetzung „Zieh mich hoch!" — eine angebliche Hommage an einen Gast, der sich nach dem Genuss überraschend in bester Laune befand.

DIE BUTTER IST ZU KALT?
Kein Problem, harter Butter kann man mit einer groben Parmesanreibe zu Leibe rücken. Die geriebene Butter dann einfach wie weiche Butter weiterverarbeiten.

FLUFFY MARMORKUCHEN

mit schokoraspeln

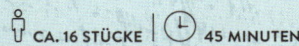 CA. 16 STÜCKE | 45 MINUTEN

- 350 g weiche Butter
  (plus etwas Butter für die Form)
- 250 g Zucker
- 2 Päckchen Vanillezucker
- 5 Eier (Größe M)
- 1 Prise Salz
- 200 ml Milch
- 400 g Mehl
- 2 TL Backpulver
- 25 g Kakaopulver
- 120 g Vollmilch-Kuvertüre
- 50 g Schokoladenraspel
  (alternativ Schokoladenstreusel)

1. Butter, Zucker und Vanillezucker in einer Schüssel mit den Schneebesen des Mixers 6–8 Minuten schaumig rühren.
2. Eier trennen. Eiweiße mit einer Prise Salz in einer Schüssel steif schlagen. Eigelbe nach und nach in die Buttermischung einrühren. Milch, Mehl und Backpulver unterrühren. Eischnee unter den Teig heben. Teig halbieren. Unter eine Teighälfte das Kakaopulver rühren.
3. Backofen auf 175 Grad (Umluft 150) vorheizen. Eine Kastenform (30 cm) fetten. Hellen Teig gleichmäßig einfüllen. Dunklen Teig mittig darauf verteilen. Mit einem großen Löffel den dunklen Teig einmal unter den hellen Teig heben, sodass ein Marmormuster entsteht.
4. Kuchen im unteren Drittel des Ofens 1 Stunde backen. Marmorkuchen aus dem Ofen nehmen, auf ein Kuchengitter setzen und in der Form abkühlen lassen.
5. Kuvertüre grob hacken. In einer Edelstahlschüssel über einem heißen Wasserbad schmelzen. Kuchen aus der Form lösen und mit der Kuvertüre übergießen. Schokoraspel darauf verteilen. Fest werden lassen.

Tipp: Dieser Marmortraum lässt sich 1a einfrieren. Dazu aber bitte den Guss und die Schokoraspel weglassen – die kommen erst nach dem Auftauen drauf.

 | PRO STÜCK: CA. 410 KCAL, 7 G E, 24 G F, 42 G KH

ISA
Und dann sagt der Typ so zu mir „Hab' ich Zucker in den Augen oder bist du so süß?"

LILLI
Nicht im Ernst!? 🙍🏼‍♀️

ISA
Ja, echt peinlich. Was mach' ich jetzt?

LILLI
Wie wär's mit was Süßem? 😂😂😂

ISA
Hahaha … okay 🎂🍰🍪🍩😉

VANILLE-MUFFINS

für Verknallte

👤 12 STÜCK | 🕐 1 STUNDE 30 MINUTEN

· 12 Papierförmchen
· 300 g Mehl
· 3 TL Backpulver
· 80 g Zucker
· 100 g gemahlene Mandeln
· 2 Päckchen Vanillezucker
· 125 g Butter
· 2 Eier (Größe M)
· 180 ml Milch
· 200 g weiße Kuvertüre
· 100 g Zuckerperlen

1. Backofen auf 180 Grad (Umluft 160) vorheizen. Die Mulden des Muffin-blechs mit Papierförmchen auslegen.
2. Mehl, Backpulver, Zucker, Mandeln und Vanillezucker mischen. Butter schmelzen lassen. Mehlmischung, Butter, Eier und Milch mit den Schnee-besen des Mixers zu einem glatten Teig verrühren.
3. Teig in die Förmchen füllen, im heißen Ofen 25 Minuten backen. Heraus-nehmen und abkühlen lassen. Aus Papier ein kleines Herz als Schablone ausschneiden.
4. Kuvertüre grob hacken, in eine Metallschüssel geben und über einem heißen Wasserbad schmelzen. Muffins aus der Form nehmen, oberes Drittel waagerecht abschneiden und Muffins mit einem kleinen Löffel aushöhlen. 80 g Liebesperlen darin verteilen. Mit je 1 EL Kuvertüre über-gießen und den Rand damit einstreichen. „Deckel" daraufsetzen und mit der restlichen Kuvertüre übergießen. Schablone dicht darüber halten und restliche Zuckerperlen darauf streuen. Abkühlen lassen.

 PRO STÜCK: CA. 390 KCAL, 7 G E, 20 G F, 47 G KH

SCHOKO-VANILLE-TORTE

mit Kirschen

👤 16 STÜCKE | 🕐 2 STUNDEN

Für den Teig:
- 8 Eier (Größe M)
- 150 g Zucker
- 1 Prise Salz
- 130 g Mehl
- 2 EL Kakaopulver
- 2 TL Backpulver
- 75 g Speisestärke

Für die Füllung:
- 2 Päckchen Vanillepuddingpulver
- 1 l Milch
- 6 Blatt Gelatine
- 1 Vanilleschote
- 200 g weiße Kuvertüre
- 50 g Zucker
- 200 ml Schlagsahne

Zum Bestreichen:
- 400 ml Schlagsahne
- 2 Päckchen Vanillezucker
- 1 Päckchen Sahnesteif
- 30 g Puderzucker
- 16 Kirschen

1. Backofen auf 200 Grad (Umluft 180) vorheizen. Springform (26 cm Durchmesser) mit Backpapier belegen und mit dem Rand umspannen. Eier trennen. Eiweiße mit den Schneebesen des Mixers steif schlagen. Zucker und 1 Prise Salz einrieseln lassen. Eigelbe unterrühren. Mehl, Kakao, Backpulver und Speisestärke vermischen. Mischung vorsichtig unter die Eiermasse heben. Teig in die Form füllen und im Ofen 25 Minuten backen. Aus der Form lösen, auf ein Kuchengitter stürzen und abkühlen lassen.

2. Für die Vanillefüllung Puddingpulver mit 6 EL kalter Milch anrühren. Gelatine in kaltem Wasser einweichen. Vanilleschote längs halbieren und Mark herausschaben. Kuvertüre grob hacken. Milch, Zucker, Vanillemark und Vanilleschote aufkochen. Schote herausnehmen. Gelatine ausdrücken. In die heiße Milch geben und gut einrühren. Weiße Kuvertüre unterrühren. Abkühlen lassen. 200 ml Sahne steif schlagen und unterrühren.

3. Den Biskuitboden zweimal waagerecht durchschneiden. Ersten Boden mit der Hälfte der Vanillecreme bestreichen. Mit dem zweiten Boden bedecken und mit dem Rest der Vanillecreme bestreichen. Mit dem dritten Boden bedecken.

4. Zum Bestreichen Schlagsahne, Vanillezucker, Sahnesteif und Puderzucker steif schlagen. Torte mit der Sahne rundherum einstreichen. Kirschen waschen und kreisförmig daraufsetzen. Torte bis zum Servieren kalt stellen.

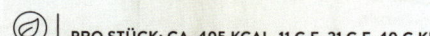 PRO STÜCK: CA. 405 KCAL, 11 G E, 21 G F, 40 G KH

FOODHACK

COOLE KIRSCHEN
Und was ist mit Geburtstagskindern im Winter? Dafür schöne frische Kirschen mit Stiel und Kern im Juli einfrieren. Cooler Tipp: Kirschen noch gefroren auf die Torte setzen. Dann bildet sich schöner Raureif. Sind sie dann aufgetaut, wird die Deko einfach mit vernascht.

SCHOKO-VANILLE-TORTE ☆☆☆☆☆

BRÖSEL STAMPFEN
So wird der Brösel-
boden schön fest:
Brösel in die
Springform geben,
grob verteilen und
mit dem Boden eines
hohen runden Glases
gleichmäßig an-
drücken.

DER ULTIMATIVE CHEESECAKE

mit Himbeersauce

16 STÜCKE | 1 STUNDE 30 MINUTEN (PLUS KÜHLZEIT)

- 2 Bio-Limetten
- 200 g Schokoladenkekse
- 75 g Butter
  (plus etwas Butter zum Fetten)
- 1 Prise Salz
- 850 g Frischkäse
- 200 g Sauerrahm
- 2 Päckchen Vanillezucker
- 125 g Zucker
- 6 Eier (Größe M)
- 2 EL Speisestärke
- 50 ml Himbeersauce (Fertigprodukt)
- 50 g frische Himbeeren
- 2–3 EL Puderzucker

1. Limetten waschen und trocken reiben. Schale einer Limette fein abreiben. Saft beider Limetten auspressen. Schokokekse in einen Gefrierbeu-
   tel füllen und mit einem Nudelholz zerstoßen. Butter schmelzen lassen.
   Kekskrümel, Butter, Salz, Hälfte der Limettenschale und 2 EL Limettensaft
   verkneten.
2. Backofen auf 250 Grad (Umluft 230) vorheizen. Eine Springform
   (26 cm Durchmesser) mit Backpapier belegen und mit dem Rand umspannen. Rand mit Butter fetten. Keksmasse auf dem Boden verteilen.
3. Frischkäse, Sauerrahm, restliche Limettenschale, restlichen Limettensaft,
   Vanillezucker und Zucker mit den Schneebesen des Mixers cremig rühren.
   Eier und Stärke hinzufügen. Frischkäsemasse auf dem Kuchenboden glatt
   streichen.
4. Im heißen Ofen auf der 2. Schiene von unten 10 Minuten backen. Nach
   10 Minuten den Ofen auf 100 Grad (Umluft 80) runterschalten und
   Kuchen weitere 75 Minuten backen. Etwas abkühlen lassen.
5. Kuchenrand mit einem Messer lösen. Für mindestens 3 Stunden in den
   Kühlschrank stellen. Abgekühlten Cheesecake aus der Form lösen, mit
   Himbeersauce und Himbeeren toppen. Mit Puderzucker bestäuben.

 | PRO STÜCK: CA. 335 KCAL, 8 G E, 25 G F, 19 G KH

LIVE UND IN FARBE:
**DIE VIDEOANLEITUNG ZUM
ULTIMATIVEN CHEESECAKE**
▶ www.yumtamtam.de/ultimativer-cheesecake/

WAFFELN MIT 3 TOPPINGS

Wenn man schon einen an der Waffel hat, dann doch bitte mit Obst und Schoko!

Waffeln Grundrezept

👤 4 PORTIONEN 🕐 25 MINUTEN

- 250 g Mehl
- 75 g Zucker
- 1 TL Backpulver
- 50 g gemahlene Mandeln
- 1 Prise Salz
- 100 g Butter
- 300 ml Milch
- 3 Eier (Größe M)
- Öl für das Waffeleisen
- Puderzucker zum Bestäuben

1. Mehl, Zucker, Backpulver, Mandeln und 1 Prise Salz in einer Schüssel vermischen. Butter zerlassen. Milch, flüssige Butter, Eier und Mehlmischung mit einem Schneebesen in einer Schüssel gut verrühren.
2. Waffeleisen fetten und mit je 1 kleinen Kelle Teig befüllen. Waffeln nacheinander backen. Mit Puderzucker bestreuen und warm oder kalt servieren.

🌿 | PRO PORTION: CA. 655 KCAL, 16 G E, 35 G F, 69 G KH

... mit Himbeer-Vanille-Kompott

👤 4 PORTIONEN 🕐 15 MINUTEN

- 1 Vanilleschote
- 2 TL Speisestärke
- 100 ml Orangensaft
- 50 g Zucker
- 300 g tiefgefrorene Himbeeren

Vanilleschote längs aufschneiden und Mark herauskratzen. Speisestärke mit 2 EL kaltem Wasser verrühren. Orangensaft, Vanillemark und Zucker erhitzen. Speisestärke einrühren und alles nochmals aufkochen lassen. Himbeeren hinzufügen. Zu den Waffeln servieren.

Tipp: Hält sich ca. vier Tage im Kühlschrank.

🌿 | PRO PORTION: CA. 100 KCAL, 1 G E, 0 G F, 21 G KH

... mit selbst gemachter Nuss-Nougat-creme

👤 1 GLAS (CA. 4–6 PORTIONEN) | 🕐 20 MINUTEN

- 200 g ganze Haselnüsse
- 2 EL Kakaopulver
- 2 Päckchen Vanillezucker
- ¼ TL Salz
- 6 EL flüssiger Honig
- 1 EL Kokosmilch
- 150 ml Mandelmilch

Haselnüsse in einer Pfanne ohne Fett rösten. Dann in ein Tuch geben und die Haut abreiben. Nüsse mit übrigen Zutaten in einem Mixer fein pürieren. Mit den Waffeln servieren.

Tipp: Hält sich ca. vier Wochen, im Kühlschrank sogar etwas länger.

 | PRO PORTION: CA. 315 KCAL, 6 G E, 23 G F, 19 G KH

... mit Karamell-sauce und Mandeln

👤 4 PORTIONEN | 🕐 20 MINUTEN

- 75 g Zucker
- 250 ml Schlagsahne
- 150 ml Milch
- 50 g gehackte Mandeln

Zucker in einem Topf bei mittlerer Hitze karamellisieren. Mit Schlagsahne und Milch ablöschen und so lange kochen, bis sich der Zucker gelöst hat. Mandeln hinzufügen. Sauce fein pürieren. Mit den Waffeln servieren.

Tipp: Hält sich ca. vier Wochen, im Kühlschrank sogar etwas länger.

| PRO PORTION: CA. 365 KCAL, 5 G E, 28 G F, 23 G KH

WOHOO!
PAAARTY-ZEIT

BÄM

Und alle so: YEAH!
Denn wenn es um Fingerfood aus aller Welt,
ultraleckere Mitbringsalate, coole Cocktails
und Snack-Attacks für Kinoabende geht,
lassen die Party-Animals nicht lange auf
sich warten. Schwupps hat man das Sofa
voll mit netten Leuten, den Garten voll mit
Lieblingsnachbarn und die komplette Familie
in der Bude. Hammer!

LASS MA TREFFEN

Bei mir oder bei dir?
Im Garten, unterm Dach, vorm
Fernseher oder auf der wilden
Wiese? Egal, Hauptsache, es
ist was Leckeres am Start!

Ranch-
Potatoes mit
Sour cream
S. 147

144

Bunter
PartySalat
mit
Tortilla-Chips
S. 147

80
Hackbällchen
auf einen
Streich
S. 146

80 HACK-BÄLLCHEN

auf einen Streich

👤 80 STÜCK | 🕐 1 STUNDE 30 MINUTEN

- 5 Knoblauchzehen
- 1 großes Bund Petersilie
- 3 kg gemischtes Hackfleisch
- 500 g geriebener Parmesankäse
- 2 EL Paprikapulver
- 10 Eier (Größe M)
- 400 g Semmelbrösel
- Salz, Pfeffer

1. Knoblauch schälen und hacken. Petersilie waschen, abtropfen lassen und fein hacken. Alle Zutaten in einer großen Schüssel vermischen. Mit Salz und Pfeffer kräftig würzen.
2. Backofen auf 220 Grad (Umluft 200) vorheizen. Aus der Masse mit angefeuchteten Händen 80 Bällchen rollen. Hackbällchen auf 2 mit Backpapier ausgelegten Backblechen verteilen. Im heißen Ofen nacheinander 20 Minuten backen.
3. Mit der Dip-Parade (siehe Rezepte Seite 155) servieren.

PRO STÜCK: CA. 140 KCAL, 11 G E, 9 G F, 3 G KH

Genussmomente

MIT AVOCADOCRÈME, GRANATAPFEL UND LECKEREN KRÄUTERN:
SÜSSKARTOFFEL IM HASSELBACK-STYLE

 www.edeka.de/hasselbackkartoffel

BUNTER PARTYSALAT

mit Tortilla-Chips

👤 6–8 PORTIONEN | 🕐 35 MINUTEN

- 1 Römersalat
- 1 Dose Kidney Bohnen (425 ml Inhalt)
- 1 Dose Mais (425 ml Inhalt)
- je 1 rote und 1 gelbe Paprikaschote
- 500 g Tomaten
- ½ Gurke
- 200 g Tortilla-Chips
- 300 g Joghurt
- 200 g Salatmayonnaise
- 2 EL Tomatenketchup
- 5 EL Zitronensaft
- Salz, Pfeffer
- 2 TL Paprikapulver

1. Salat waschen, abtropfen lassen und in mundgerechte Stücke schneiden. Kidreybohnen und
Mais abtropfen lassen. Paprika waschen, halbieren, entkernen und in Würfel schneiden. Tomaten waschen, halbieren, Strunk entfernen und
würfeln. Gurke schälen und in Stücke schneiden.
Zutaten in eine große Schüssel geben. Tortilla-
Chips grob darüber zerkrümeln.
2. Für das Dressing Joghurt, Mayonnaise, Ketchup
und Zitronensaft verrühren. Mit Salz, Pfeffer
und Paprikapulver kräftig würzen. Dressing
separat zum Salat stellen, sodass jeder sich nach
Geschmack bedienen kann.

 PRO PORTION: CA. 360 KCAL, 7 G E. 25 G F, 27 G KH

RANCH-POTATOES

mit sour cream und krossem Schinken

👤 6–8 PORTIONEN | 🕐 1 STUNDE

- 1,5 kg neue, kleine Kartoffeln
- 150 ml Ranch-Dressing (Fertigprodukt)
- 200 g geriebener Cheddar
- 250 g Sour Cream
- Salz, Pfeffer
- 3 Lauchzwiebeln
- 1 Bund Schnittlauch
- 200 g Bauernschinken in Scheiben

1. Kartoffeln waschen, mit Schale 15 Minuten
kochen. Abgießen, pellen und abkühlen
lassen. Kartoffeln halbieren und mit Dressing,
Cheddar und Sour Cream vermischen. Mit Salz
und Pfeffer würzen.
2. Lauchzwiebeln und Schnittlauch waschen,
abtropfen lassen und in feine Ringe schneiden. Schinken in einer Pfanne ohne Fett kross
ausbacken. Grob zerteilen. Lauchzwiebeln,
Schnittlauch und Schinken über den Kartoffeln
verteilen.

 PRO PORTION: CA. 410 KCAL, 18 G E, 24 G F, 30 G KH

FALAFEL

mit Minzjoghurt

👤 6–8 PORTIONEN (CA. 25 STÜCK) | 🕐 1 STUNDE

Für die Falafel:
- 4 Dosen Kichererbsen
  (jeweils 240 g Abtropfgewicht)
- 2 Zwiebeln
- 3 Knoblauchzehen
- 1 Bund Petersilie
- 80 g Semmelbrösel
- 2 Eier (Größe M)
- Salz, Pfeffer
- 2 EL Zitronensaft
- 2 TL gemahlener Kreuzkümmel
- 3 EL Sesam
- 1 EL Schwarzkümmel
- 100 ml Sonnenblumenöl

Für den Minzjoghurt:
- 1 Topf Minze
- 400 g Joghurt
- 3 EL Olivenöl
- 2 EL Zitronensaft
- Salz, Pfeffer

1. Für die Falafel Kichererbsen abtropfen lassen und mit kaltem Wasser abspülen. Zwiebeln schälen und fein würfeln. Knoblauch schälen und fein hacken. Petersilie grob hacken.
2. Kichererbsen, Zwiebeln und Knoblauch in 2–3 Portionen mit einem Pürierstab fein mixen. Semmelbrösel, Eier und Petersilie untermengen. Mit Salz, Pfeffer, 2 EL Zitronensaft und Kreuzkümmel abschmecken.
3. Für den Dip Minze waschen, abtropfen lassen und grob hacken. Joghurt, Olivenöl, Minze, 2 EL Zitronensaft, Salz und Pfeffer fein pürieren.
4. Einen großen Teller mit Küchenpapier auslegen. Sesam und Schwarzkümmel mischen und auf einem tiefen Teller ausbreiten. Falafelmasse mit 2 Löffeln zu 25 Nocken abstechen und in der Sesammischung wälzen. Öl in einer großen Pfanne erhitzen. Falafel 4–5 Minuten goldgelb ausbacken. Auf Küchenpapier abtropfen lassen und mit Joghurtdip servieren.

🌱 | PRO PORTION: CA. 320 KCAL, 10 G E, 22 G F, 10 G KH

SCHAFSKÄSE-SPINATROLLEN

aus Filoteig

👤 6–8 PORTIONEN | 🕐 1 STUNDE

- 1 kg tiefgekühlter Blattspinat
- 4 Knoblauchzehen
- 3 Zwiebeln
- 600 g Feta
- 6 EL Olivenöl
- Salz, Pfeffer
- frisch geriebene Muskatnuss
- 1 Ei (Größe M)
- 2 EL Schlagsahne
- 500 g Filoteig
  (2 Packungen mit je
  10 Blättern à 30 x 30 cm)
- 1 gehäufter EL Sesam
- ½ EL Schwarzkümmel

1. Spinat über Nacht auftauen, gut abtropfen lassen und gut ausdrücken. Knoblauch schälen und fein hacken. Zwiebeln schälen und fein würfeln. Feta grob zerbröckeln.

2. Öl in einer Pfanne erhitzen, Zwiebeln und Knoblauch darin andünsten, Spinat hinzufügen und kräftig mit Salz, Pfeffer und Muskatnuss würzen. Spinat abkühlen lassen, Flüssigkeit nochmals abgießen und Feta untermischen.

3. Backofen auf 200 Grad (Umluft 180) vorheizen. 2 Backbleche mit Backpapier auslegen. Ei und Sahne verquirlen. Jeweils 2 Filoteigblätter übereinanderlegen und mit etwas Ei-Sahne bestreichen. Spinatmasse mittig auf den Blättern verteilen, dabei rundherum einen Rand frei lassen. Seitenränder einklappen und Blätter längs aufrollen. Die Rollen mit restlicher Ei-Sahne bestreichen, mit Sesam und Schwarzkümmel bestreuen.

4. Im heißen Ofen 15–20 Minuten backen. Rollen herausnehmen, teilen und auf einer Platte servieren.

 | PRO PORTION: CA. 520 KCAL, 23 G E, 29 G F, 3 G KH

Genussmomente

SOMMERLICHE VARIANTE VOM GRILL:
KEVS SPICY CHICKEN DRUMSTICKS
www.edeka.de/chicken-drumsticks

DRUM-STICKS

in BBQ-Marinade

👤 6–8 PORTIONEN | 🕐 1 STUNDE (PLUS MARINIERZEIT)

- 2 Zwiebeln
- 2 Knoblauchzehen
- 1 rote Chilischote
- 200 ml BBQ-Sauce (Fertigprodukt)
- 100 ml Sojasauce
- 100 ml Ketchup
- 2 EL Senf
- 3 EL Weißweinessig
- 2 kg Hähnchenunterschenkel (Drumsticks)

1. Zwiebeln und Knoblauch schälen und grob würfeln. Chilischote waschen und entkernen. Chili, Knoblauch, Zwiebeln, BBQ-Sauce, Sojasauce, Ketchup, Senf und Essig in einem hohen Gefäß mit einem Pürierstab pürieren.
2. Drumsticks waschen, trocken tupfen und mit Marinade in einer großen Schale mischen. Abgedeckt im Kühlschrank über Nacht marinieren lassen.
3. Backofen auf 200 Grad (Umluft 180) vorheizen. 2 Backbleche mit Backpapier auslegen. Drumsticks darauf verteilen.
4. Im heißen Ofen 40 Minuten knusprig garen. Mit der Dip-Parade (siehe Rezepte Seite 155) servieren.

🅱 | PRO PORTION: CA. 560 KCAL, 43 G E, 41 G F, 6 G KH

CHICKEN-WINGS

mit Chili-Paprika-Gewürzöl

👤 6–8 PORTIONEN | 🕐 1 STUNDE

- 6 EL Sonnenblumenöl
- Salz, Pfeffer
- 2 TL Paprikapulver
- ¼ TL Chilipulver
- 2 kg Hähnchenflügel (Chickenwings)

1. Backofen auf 200 Grad (Umluft 180) vorheizen. Öl, Salz, Pfeffer, Paprikapulver und Chilipulver gut verrühren. Hähnchenflügel waschen und trocken tupfen. Mit der Ölmischung gut vermengen.
2. Chickenwings auf 2 Backbleche verteilen und im heißen Ofen 45 Minuten knusprig garen. Dabei gelegentlich wenden.

🚫 🅱 | PRO PORTION: CA. 600 KCAL, 41 G E, 49 G F, 0 G KH

Erdnuss-butter-chili-kokos-Dip

Tomaten-curry-Dip

Sweet Hot chili-Sauce

DIP-PARADE

Erdnussbutter-chili-Kokos-Dip

6–8 PORTIONEN | 10 MINUTEN

- 3 Knoblauchzehen
- ½ Bund Koriander
- 30 g frische Ingwerwurzel
- 200 g Erdnussbutter
- 200 ml Kokosmilch
- 100 ml Wasser
- 3 EL Limettensaft
- 1 EL Sambal Oelek
- 30 g Erdnüsse

1. Knoblauch schälen und grob hacken. Koriander grob hacken. Ingwer schälen und in Scheiben schneiden.
2. Mit allen weiteren Zutaten in ein hohes Gefäß füllen und mit einem Pürierstab mixen. In ein Dipschälchen fül en.

 PRO PORTION: CA. 190 KCAL, 8 G E, 15 G F, 5 G KH

Sweet Hot chili-Sauce

6–8 PORTIONEN | 20 MINUTEN

- 4 Knoblauchzehen
- 1 Chilischote
- 200 ml Weißweinessig
- 100 ml Wasser
- 200 g Zucker
- 2 EL Sojasauce
- 50 g Sambal Oelek
- ½ TL Cayennepfeffer
- 2 EL Speisestärke

1. Knoblauch schälen und fein hacken. Chili waschen und fein hacken. Knoblauch, Essig, Wasser, Zucker und Sojasauce in einem Topf 10 Minuten offen köcheln lassen. Sambal Oelek. Cayennepfeffer und Chili hinzufügen. Speisestärke mit 3 EL kaltem Wasser anrühren. In die Sauce einrühren und alles nochmals kurz aufkochen lassen.
2. Auskühlen lassen und in ein Vorratsglas oder Dipschälchen füllen.

 PRO PORTION: CA. 120 KCAL, 0 G E, 0 G F, 29 G KH

Tomaten-curry-Dip

6–8 PORTIONEN | 20 MINUTEN

- 2 Zwiebeln
- 4 Knoblauchzehen
- 2 EL Olivenöl
- 3–4 TL Currypulver
- 1 Apfel
- 350 ml Instant-Gemüsebrühe
- 1 Tube Tomatenmark (200 g)
- 2 EL Ahornsirup
- 1 TL Weißweinessig
- Salz, Pfeffer
- 1 Beet Kresse

1. Zwiebeln schälen und fein würfeln. Knoblauch schälen und fein hacken. Öl in einem Topf erhitzen. Zwiebeln und Knoblauch darin anschwitzen. Curry hinzufügen.
2. Apfel waschen, halbieren, entkernen und grob würfeln. Brühe und Apfelwürfel zu den Zwiebeln geben und alles 10 Minuten köcheln lassen.
3. Tomatenmark, Ahornsirup und Essig hinzufügen. Nochmals aufkochen und mit einem Pürierstab fein mixen. Abkühlen lassen. Mit Salz und Pfeffer abschmecken. In ein Dipschälchen füllen. Kresse vom Beet schneiden, waschen und über den Dip streuen.

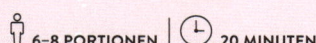 PRO PORTION: CA. 60 KCAL, 1 G E, 3 G F, 7 G KH

BEST OF MITBRING-SALATE

Die Top 3 für Fußball-Feste, Geburtstagsfeiern, Picknicks und Gartenpartys

Mittelmeer-
Nudelsalat
S. 158

Couscous-
Salat
mit Erdnuss-
Limetten-
dressing
S. 163

MITTELMEER- NUDELSALAT

mit Oliven und Schafskäse

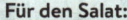 6–8 PORTIONEN | 🕐 1 STUNDE (PLUS ZIEHZEIT)

Für den Salat:
- 750 g Muschelnudeln
- je 3 rote und gelbe Paprikaschoten
- 1 Salatgurke
- 4 rote Zwiebeln
- 6 bunte Tomaten
- 120 g schwarze Oliven ohne Stein
- 1 Topf Basilikum
- 300 g Schafskäse
- 75 g Sonnenblumenkerne

Für das Dressing:
- 2 Knoblauchzehen
- 6 EL Olivenöl
- 400 g Joghurt
- 4 EL Zitronensaft
- 2 TL Senf
- 1 EL flüssiger Honig
- Salz, Zitronenpfeffer
- 1 TL Paprikapulver

1. Nudeln in kochendem Salzwasser bissfest kochen, abgießen und kalt abspülen.
2. Paprika waschen, halbieren, entkernen und fein würfeln. Gurke waschen und würfeln. Zwiebeln schälen und in feine Ringe schneiden. Tomaten waschen und in Spalten schneiden. Oliven in Scheiben schneiden. Basilikumblätter abzupfen und grob zerteilen. Schafskäse zerbröckeln. Sonnenblumenkerne in einer Pfanne ohne Fett anrösten.
3. Für das Dressing Knoblauch schälen und fein hacken. Mit Olivenöl, Joghurt, Zitronensaft, Senf, Honig, Salz, Zitronenpfeffer und Paprikapulver verrühren.
4. Nudeln, Paprika, Gurke, Zwiebeln, Tomaten, Schafskäse und Dressing gut vermischen. Etwa 30 Minuten ziehen lassen. Zum Servieren Basilikum und Sonnenblumenkerne darüberstreuen.

 | PRO PORTION: CA. 690 KCAL, 25 G E, 29 G F, 81 G KH

MITTELMEER-NUDELSALAT ★★★★☆

ZUM GRILLEN, ZUM FEIERN, ZUM GERNHABEN:
KARTOFFELSALAT MIT PESTO &
WASSERMELONENSALAT MIT FETA

www.yumtamtam.de/partysalate/

WELTBESTER KARTOFFELSALAT

mit Gewürzgurken und Parmaschinken

👤 6–8 PORTIONEN | 🕐 45 MINUTEN (PLUS ZIEHZEIT)

Für den Salat:
- 2 kg festkochende Kartoffeln
- 400 g Kirschtomaten
- 4 Lauchzwiebeln
- 200 g Parmaschinken
- 4 Gewürzgurken aus dem Glas (mit Sud)
- 1 Bund Petersilie

Für das Dressing:
- 60 ml Olivenöl
- 2 EL Senf
- 1 EL Honig
- Salz, Pfeffer
- 4 EL Zitronensaft

1. Kartoffeln waschen und in Salzwasser 25 Minuten kochen.
2. Kirschtomaten waschen und halbieren. Lauchzwiebeln putzen und in Ringe schneiden. Schinken in Streifen schneiden. In einer Pfanne ohne Fett 5 Minuten rösten, herausnehmen und abkühlen lassen. Gewürzgurken würfeln. Petersilie waschen, abtropfen lassen und hacken.
3. Für das Dressing Olivenöl, Senf, Honig, 2 EL Gewürzgurkensud, Salz, Pfeffer und Zitronensaft verrühren.
4. Kartoffeln pellen und in Scheiben schneiden. Mit Dressing, Tomaten, Schinken, Gewürzgurken und Petersilie vermischen. Salat etwa 30 Minuten ziehen lassen.

 | PRO PORTION: CA. 345 KCAL, 11 G E, 14 G F, 41 G KH

F&A

COUSCOUS UND BULGUR: WAS IST WAS?

Klein und körnig sind beide – Couscous und Bulgur sehen sich auf den ersten Blick sehr ähnlich. Sie werden aber aus unterschiedlichen Getreidesorten hergestellt: Couscous aus Weizen, Gerste oder Hirse, Bulgur aus Hartweizen oder Dinkel. Dazu kommt, dass das Getreide für Couscous roh vermahlen wird, während man Bulgur aus vorgekochtem Getreide herstellt.

COUSCOUS-SALAT

mit Erdnuss-Limetten-Dressing

 6–8 PORTIONEN | 🕐 40 MINUTEN

Für den Salat:
- 600 ml Instant-Gemüsebrühe
- 300 g Couscous
- 1 Salatgurke
- 500 g Tomaten
- 6 Lauchzwiebeln
- 5 Zweige frische Minze
- 1 Bund Petersilie

Für das Dressing:
- 6 EL Erdnussbutter
- 250 ml Olivenöl
- 200 ml Limettensaft
- 4 EL flüssiger Honig
- Salz, Pfeffer
- 100 g gesalzene, geröstete Erdnüsse

1. Gemüsebrühe aufkochen. Couscous mit kochender Brühe übergießen und 10 Minuten quellen lassen.
2. Gurke und Tomaten waschen und beides fein würfeln. Lauchzwiebeln putzen und in Ringe schneiden. Minze und Petersilie waschen, trocken tupfen und fein hacken.
3. Für das Dressing Erdnussbutter, Olivenöl, Limettensaft und Honig mit dem Pürierstab mixen. Mit Salz und Pfeffer würzen. Couscous, Gurke, Tomaten, Lauchzwiebeln, Kräuter und Dressing gut vermischen. Erdnüsse grob hacken und darüberstreuen.

  | PRO PORTION: CA. 595 KCAL, 12 G E, 43 G F, 39 G KH

Home-
made Hugo
(mit Alkohol)
S. 166

Holunder-
cooler
S. 166

DAS KLEINE SCHLÜRF-EINMALEINS

Coole Drinks? Machen wir mit links! Oder rechts. Hauptsache lecker und eiiiiskalt!

Kokos-Ananas-Drink
S. 167

HOLUNDER-COOLER

(alkoholfrei)

 6–8 GLÄSER | 🕐 10 MINUTEN

- 4 Bio-Zitronen
- etwa 24 Eiswürfel
- 150 ml Holunderblütensirup
  (siehe Rezept unten)
- 750 ml Bitter Lemon
- 500 ml kaltes Mineralwasser
  (mit Kohlensäure)

2 Zitronen halbieren und auspressen. Übrige Zitronen in Scheiben schneiden und an einer Seite einritzen. Eiswürfel und Holunderblütensirup auf die Gläser verteilen. Mit Bitter Lemon und Mineralwasser auffüllen. Zitronenscheiben an die Gläser stecken und servieren.

Tipp: Für den Gläserrand: 1 Schälchen mit 100 ml Wasser und 1 Schälchen mit 3 EL braunem Zucker befüllen. Gläserränder in das Wasser tauchen, anschließend in den Zucker drücken.

   | PRO GLAS: CA. 90 KCAL, 0 G E, 0 G F, 21 G KH

HOMEMADE HUGO

(mit Alkohol)

 6–8 GLÄSER | 🕐 10 MINUTEN

- 4 Bio-Limetten
- 2 Tassen Crushed Ice
- 3 Zweige Minze
- 150 ml Holunderblütensirup
  (siehe Rezept rechts)
- 1 Flasche gekühlter Prosecco
- 500 ml kaltes Mineralwasser
  (mit Kohlensäure)

Limetten in Spalten schneiden. Crushed Ice auf die Gläser verteilen. Minzblätter über die Innenseiten der Gläser reiben und auf das Eis legen. Limetten und Holunderblütensirup auf die Gläser verteilen. Anschließend Prosecco und Mineralwasser gleichmäßig auf alle Gläser verteilen.

  | PRO GLAS: CA. 120 KCAL, 0 G E, 1 G F, 14 G KH

Selbst gemachter Holundersirup

 ½ L SIRUP (CA. 25 PORTIONEN) | 🕐 1 STUNDE (PLUS ZIEHZEIT)

- 2 Bio-Zitronen
- 8 Dolden Holunderblüten
- 500 g Zucker

Zitronen in Scheiben schneiden. Holunderblüten waschen und abtropfen lassen. Zucker und 500 ml Wasser 5 Minuten offen kochen lassen. Holunderblüten und Zitronenscheiben hinzufügen. Zugedeckt 1 Tag ziehen lassen.

   | PRO PORTION: CA. 55 KCAL, 0 G E, 0 G F, 13 G KH

VOLL SPIESSIG?
VOLL COOL!

Es müssen nicht immer Papierschirmchen sein! Schicke Cocktailspieße lassen sich auch mit Rosmarin oder Zitronengrasstängeln selber machen. Einfach einen Teil des Zweiges oder Stängels anspitzen, von Blättchen befreien und dann nach Belieben Beeren & Co. aufspießen. Sieht gut aus und gibt auch noch eine Portion Extra-Aroma!

KOKOS-ANANAS-DRINK

(alkoholfrei)

👤 6–8 GLÄSER | 🕐 10 MINUTEN

- 1,5 reife Ananas
- 2 Limetten
- 2 Päckchen Vanillezucker
- 400 ml Kokosmilch
- 3 Tassen Crushed Ice

Ananas schälen, vierteln, Strunk entfernen und Fruchtfleisch grob würfeln. Limetten halbieren, auspressen. Ananas, Vanillezucker, Limettensaft, Kokosmilch und Crushed Ice im Mixer fein pürieren. Getränke auf die vorbereiteten Gläser verteilen.

   | PRO GLAS: CA. 105 KCAL, 1 G E, 1 G F, 11 G KH

FRUCHTIGE WALDMEISTER-BOWLE

mit bunten Beeren

👤 6–8 GLÄSER | 🕐 20 MINUTEN

- 1 Mango
- 100 g Johannisbeeren
- 100 g Physalis (1 Schale)
- 100 g Himbeeren
- 100 g Heidelbeeren
- etwa 20 Eiswürfel
- 150 ml Waldmeistersirup
- 2 l kaltes Mineralwasser
  (mit Kohlensäure)

Mango schälen, Fruchtfleisch vom Stein schneiden und fein würfeln. Johannisbeeren waschen, Beeren abzupfen. Physalis aus der Schale lösen und waschen. Himbeeren verlesen. Heidelbeeren waschen. Früchte und Eiswürfel in ein Bowlegefäß füllen. Mit Sirup und Mineralwasser aufgießen.

Tipp: Falls Waldmeister gerade Saison hat, mit frischem Waldmeister dekorieren.

  | PRO GLAS: CA. 75 KCAL, 1 G E, 0 G F, 16 G KH

FOODHACK

ICE, ICE, BABY?
Wie wär es mal mit gefrorenen Früchten als schöne Alternative zum Eiswürfel? Dazu einfach Himbeeren, Heidel- oder Johannisbeeren in Eiswürfelformen füllen, mit Wasser aufgießen und einfrieren.

SIND LIMETTEN EIGENTLICH ZITRONEN?

Nein. Zwar gehören beide wie etwa Mandarinen, Grapefruits und Orangen zur Großfamilie der Zitruspflanzen, sie zählen aber nicht zur selben Art. Die knallgelben Zitronen und grasgrünen Limetten unterscheiden sich nicht nur farblich. Auch geschmacklich gibt es Unterschiede: Die Zitrone schmeckt in der Regel saurer, während die Limette intensive würzige Aromen aufweist.

YUM TAM TAM

ZITRONENLIMONADE MIT CHILIKICK, FRUCHTIGE MELONENLIMO UND LECKERE KRÄUTERLIMONADE:
COOLE LIMOS FÜR HEISSE TAGE

www.yumtamtam.de/limonade/

LIMETTEN-MINZ-LIMONADE

mit gefrorenen Himbeeren

👤 6–8 GLÄSER | 🕐 15 MINUTEN

- 1,5 l Wasser
- 150 g brauner Zucker
- 2 Päckchen Vanillezucker
- 3 Zweige Minze (plus etwas für die Deko)
- 4 Limetten
- 4 Handvoll Crushed Ice
- 200 g gefrorene Himbeeren
- 2 Flaschen eiskaltes Mineralwasser
  (mit Kohlensäure)

Wasser, Zucker und Vanillezucker aufkochen. Minze waschen und hinzufügen. Flüssigkeit abkühlen lassen. Limetten halbieren, auspressen und Saft zum Minzsirup geben. Crushed Ice, Himbeeren und Sirup in Gläser füllen. Mit Mineralwasser, je nach gewünschtem Süßegrad, aufgießen. Mit Minze dekorieren.

  | PRO GLAS: CA. 105 KCAL, 0 G E, 1 G F, 24 G KH

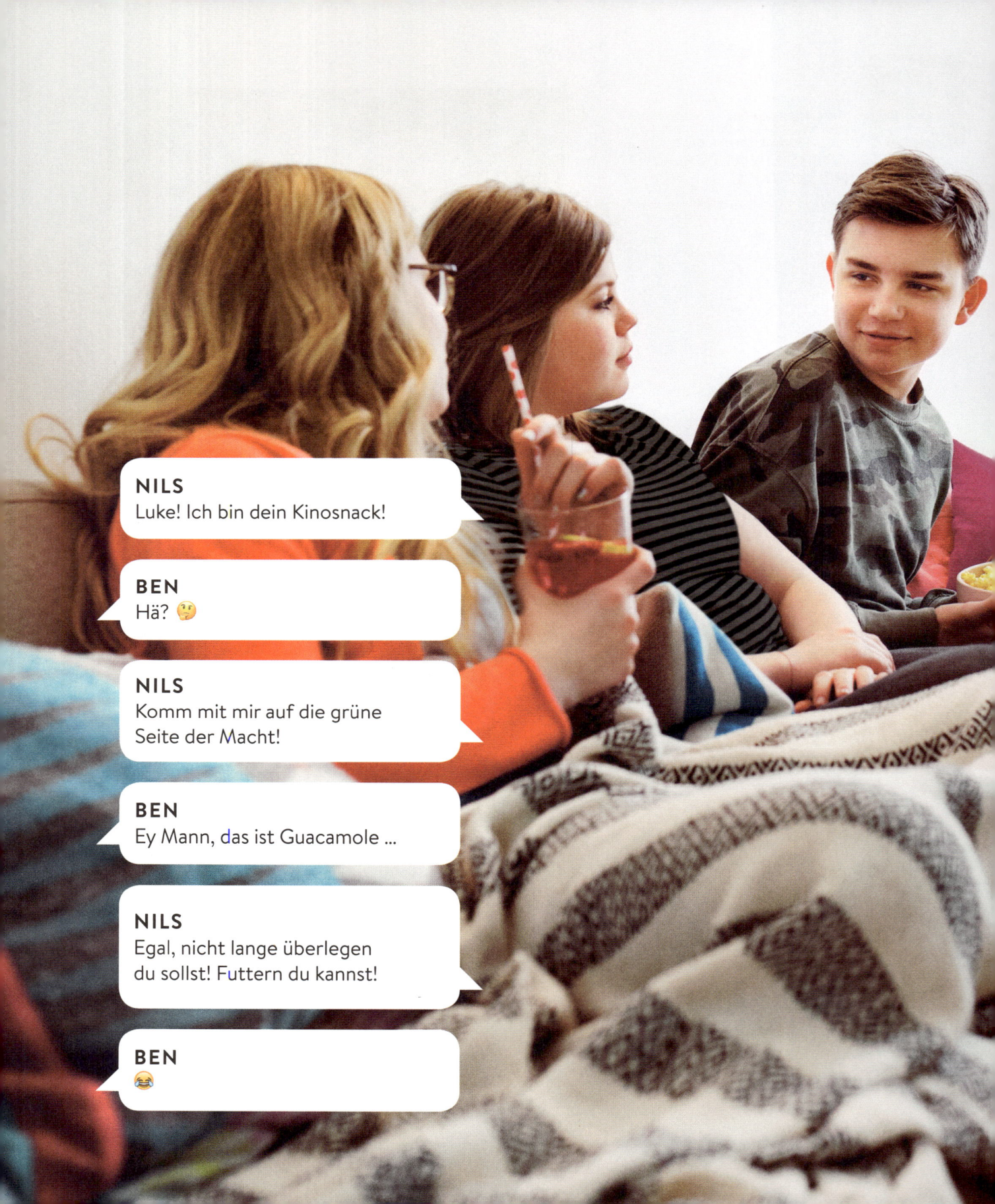

FILMFUTTER

Hasta la vista, Baby!
Heute gibts Filme mit Popcorn, Nachos & co.!

3 x Popcorn
S. 181

QUINOA-SUSHI

mit Avocado und Chiasamen

👤 6–8 PORTIONEN (CA. 35 STÜCK) | 🕐 1 STUNDE

- 200 g Quinoa
- 600 ml Instant-Gemüsebrühe
- 2–3 EL Limettensaft
- 2 EL Agavendicksaft
- Salz
- 2 EL Sesam
- 2 EL Chiasamen
- 1 rote Paprikaschote
- ½ Gurke
- 2 Avocados
- 5 Noriblätter
- 1 Bambusmatte
- 3–4 TL Wasabipaste
- 100 g eingelegter Ingwer
- 100 ml Sojasauce

1. Quinoa 10 Minuten in Gemüsebrühe kochen. Limettensaft, Agavendicksaft, Salz, Sesam und Chiasamen mit Quinoa vermengen. Mischung ausquellen und abkühlen lassen.
2. Paprika waschen, halbieren, entkernen und in längliche Streifen schneiden. Gurke waschen, in längliche Streifen schneiden. Avocados halbieren, Kerne entfernen, Fruchtfleisch aus der Schale lösen und in längliche Streifen schneiden.
3. Quinoa und Gemüse in 5 Portionen teilen. 1 Noriblatt auf eine Bambusmatte legen und mit etwas Wasabipaste bestreichen. Eine Portion Quinoa auf dem Noriblatt verteilen. Im unteren Drittel eine Portion Gemüse verteilen. Noriblatt mithilfe der Bambusmatte von der Gemüseseite aus aufrollen. Mit den restlichen Noriblättern genauso verfahren, bis alle Zutaten verbraucht sind.
4. Anschließend die Rollen jeweils in 7 Sushistücke schneiden. Mit eingelegtem Ingwer, Sojasauce und restlichem Wasabi auf einer Platte servieren.

 | PRO PORTION: CA. 215 KCAL, 7 G E, 11 G F, 22 G KH

TORTILLA-MUFFINS

mit Kartoffeln und Käse

👤 12 STÜCK │ 🕐 1 STUNDE 20 MINUTEN

· 500 g festkochende Kartoffeln
· 1 Bund Schnittlauch
· 8 Eier (Größe M)
· 100 g geriebener Gouda
· Salz, Pfeffer
· frisch geriebene Muskatnuss

1. Kartoffeln mit Schale zugedeckt 30 Minuten in Salzwasser kochen. Abgießen, pellen und in Scheiben schneiden. Schnittlauch waschen und in feine Röllchen schneiden. Eier, Käse, Schnittlauch, Salz, Pfeffer und Muskatnuss vermischen und mit den Kartoffelscheiben vermengen.
2. Aus Backpapier 12 Kreise mit einem Durchmesser von 15 cm ausschneiden. Backofen auf 200 Grad (Umluft 180) erhitzen. Ein Muffinblech mit 12 Mulden mit Backpapierkreisen belegen. Kartoffel-Eiermischung einfüllen.
3. Im heißen Ofen 12–15 Minuten backen. Herausnehmen, Muffins in der Form etwas abkühlen lassen. Dazu passt Aioli.

 │ PRO STÜCK: CA. 110 KCAL, 7 G E, 6 G F, 6 G KH

PERSISCHE REISBÄLLCHEN

mit getrockneten Aprikosen, Minze und Honig

👤 6–8 PORTIONEN (CA. 25–30 STÜCK) │ 🕐 40 MINUTEN (PLUS QUELLZEIT)

· 200 g Jasminreis
  (alternativ Kleb- oder Duftreis)
· 300 ml Wasser
· 50 g Zucker
· 1 Msp. gemahlener Kardamom
· 3 Zweige Minze
· 120 g getrocknete Aprikosen
· 20 g Pistazien
· 2 EL flüssiger Honig
· 75 g Mandelblättchen

1. Jasminreis mit 300 ml Wasser, Zucker und Kardamom aufkochen. 10 Minuten unter Rühren kochen, danach beiseitestellen und mit leicht geöffnetem Deckel 3 Stunden quellen lassen.
2. Minze waschen, Blättchen abzupfen und fein hacken. Aprikosen würfeln. Pistazien hacken. Jasminreis, getrocknete Aprikosen, Honig, Minze und die Hälfte der Pistazien mischen.
3. Reismasse zu 25–30 Bällchen formen. Mandeln in einer Pfanne ohne Fett rösten. Restliche Pistazien mit Mandelblättchen mischen und Bällchen darin wälzen.

  │ PRO PORTION: CA. 230 KCAL, 5 G E, 7 G F, 35 G KH

177

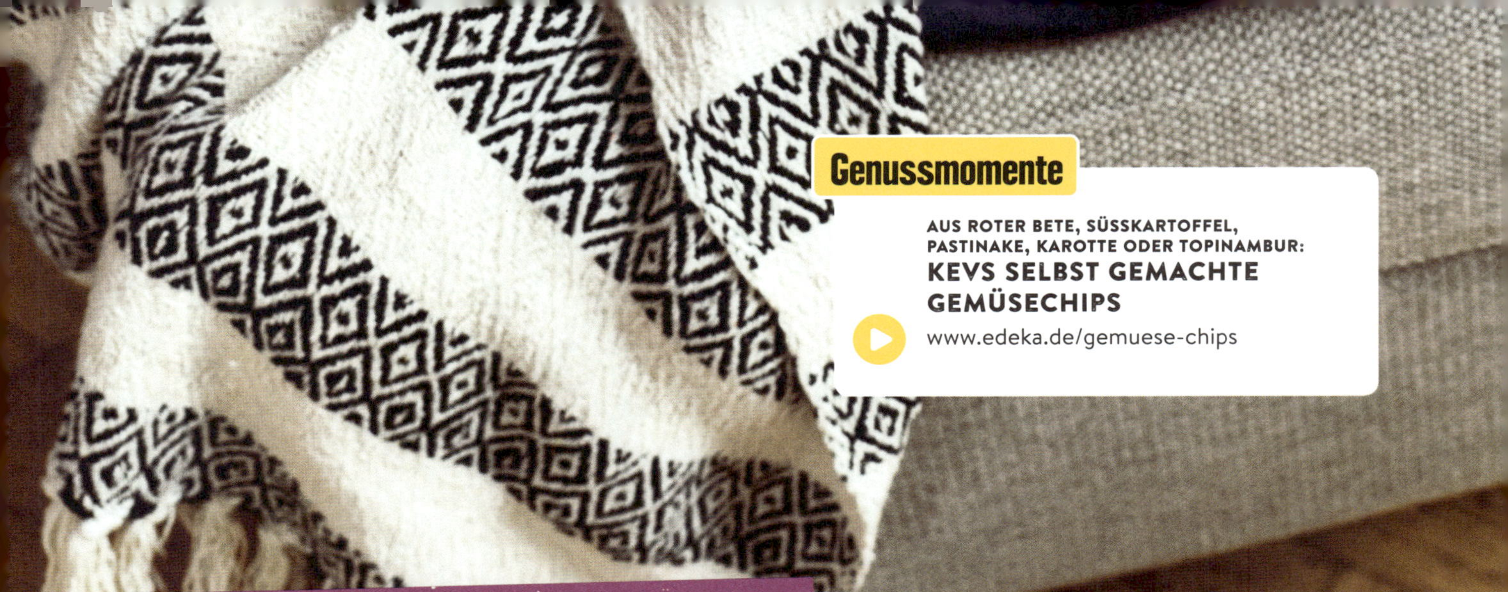

Genussmomente

AUS ROTER BETE, SÜSSKARTOFFEL, PASTINAKE, KAROTTE ODER TOPINAMBUR:
KEVS SELBST GEMACHTE GEMÜSECHIPS
www.edeka.de/gemuese-chips

ÜBERBACKENE NACHOS

mit Guacamole und Salsa

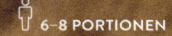

6–8 PORTIONEN | 15 MINUTEN

- **115 g geschnittene Jalapeños (Glas)**
- **2 rote Zwiebeln**
- **400 g fein gesalzene Nachos**
- **100 g geriebener Gouda**
- **100 g geriebener Cheddar**
- **2 Avocados**
- **3 Knoblauchzehen**
- **1 rote Chilischote**
- **3 EL Limettensaft**
- **Salz, Pfeffer**
- **4 Tomaten**
- **3 Stängel Koriander**
- **2 EL Olivenöl**

1. Ofen auf 200 Grad (Umluft 180) vorheizen. Jalapeños abtropfen lassen. Zwiebeln schälen. Eine Zwiebel in feine Ringe schneiden und die zweite in feine Würfel. Nachos auf einem mit Backpapier ausgelegten Backblech verteilen. Jalapeños, Zwiebelringe und Käse darauf verteilen. Im heißen Ofen 5–8 Minuten backen.

2. Für die Guacamole Avocados halbieren, Kern entfernen und Fruchtfleisch mit einem Löffel herauslösen. Knoblauch schälen und grob hacken. Chili waschen, halbieren, entkernen und in feine Würfel schneiden. Avocado, Knoblauch, Zwiebelwürfel, Limettensaft, Salz, Pfeffer und Hälfte der Chili in ein hohes Gefäß füllen und mit einem Pürierstab fein mixen.

3. Für die Salsa Tomaten waschen und fein würfeln. Koriander waschen und fein hacken. Tomaten, Koriander, restliche Chili und Olivenöl vermischen. Mit Salz und Pfeffer würzen. Nachos aus dem Ofen nehmen, etwas trennen und in eine Schale füllen. Mit der Guacamole und der Salsa servieren.

PRO PORTION: CA. 460 KCAL, 10 G E, 35 G F, 25 G KH

Limetten-
Minz-
Limonade
S. 171

3 X POPCORN

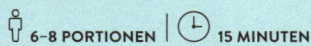

Popcorn Grundrezept

6–8 PORTIONEN | 15 MINUTEN

· 5 EL Sonnenblumenöl
· 100 g Popcornmais

Öl und Mais in einen Topf geben, gerade so, dass der Boden bedeckt ist. Deckel daraufsetzen (sonst fliegen die aufspringenden Popkörner aus dem Topf) und bei milder Hitze 5 Minuten aufpoppen lassen. Dabei einmal das Popcorn im Topf gut durchschütteln. In eine große Schüssel füllen.

Tipp: Geeignet ist ein Topf mit Glasdeckel, so kann man das Geschehen beobachten.

 | PRO PORTION: CA. 123 KCAL, 2 G E, 8 G F, 9 G KH

... mit Salz & Curry

6–8 PORTIONEN | 20 MINUTEN

· Popcorn (siehe oben)
· 30 g Butter
· 3 TL Curry
· 1 TL Salz

Butter schmelzen. Popcorn mit Butter, Curry und Salz gut durchmischen.

 | PRO PORTION: CA. 140 KCAL, 2 G E, 11 G F, 9 G KH

... mit Karamell

6–8 PORTIONEN | 30 MINUTEN

· Popcorn (siehe oben)
· 60 g Butter
· 180 g Zucker
· 3 EL Schlagsahne
· Salz

Butter, Zucker, Schlagsahne und 1 Prise Salz bei mittlerer Hitze unter Rühren karamellisieren lassen. Popcorn und die heiße Karamellmasse mit einem Holzlöffel vermischen (Achtung, heiß!). Abkühlen lassen und auseinanderbrechen.

ACHTUNG: Dieses Rezept nur mithilfe eines Erwachsenen herstellen, da Karamell sehr heiß wird und man sich schnell verbrennen kann!

 | PRO PORTION: CA. 275 KCAL, 2 G E, 16 G F, 31 G KH

... mit Zimt & Zucker

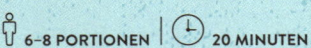

6–8 PORTIONEN | 20 MINUTEN

· Popcorn (siehe oben)
· 30 g Butter
· 4 EL Zucker
· 2 TL Zimt

Butter schmelzen. Zucker und Zimt mischen. Popcorn mit Butter und Zucker-Zimt-Mischung gut durchmischen.

 | PRO PORTION: CA. 165 KCAL, 2 G E, 11 G F, 15 G KH

FOODHACK

NICE-CREAM FOR FRUIT-LOVERS

Wer es so richtig fruchtig mag, mixt sich einfach sein eigenes Blitz-Eis. Dazu gefrorene Früchte mit etwas Puderzucker, Kokosmilch oder Sojajoghurt in den Mixer werfen, kurz pürieren, fertig! Schon schleckt man sich in den veganen Eiscreme-Himmel!

FRUCHTIGER FROZEN YOGURT

am Stiel

👤 6–8 STÜCK | 🕐 15 MINUTEN (PLUS GEFRIERZEIT)

- 250 g Vollmilchjoghurt
- 1 Päckchen Vanillezucker
- 4 EL Honig
- 150 ml Schlagsahne
- 300 g gemischte Beeren
  (z. B. Himbeeren, Heidelbeeren, Erdbeeren und Johannisbeeren)
- 8 Eisförmchen
- 8 Holzspieße

Joghurt, Vanillezucker, Honig und Sahne verrühren. Beeren vorsichtig waschen, trocken tupfen und in 8 Eisförmchen (ca. 50 ml Inhalt) drücken. Joghurtmasse daraufgießen und Holzspieße hineinstecken. Im Gefrierfach mindestens 4 Stunden (am besten über Nacht) gefrieren.

Tipp: Zum Servieren Förmchen kurz in heißes Wasser tauchen, dann lösen sich die Frozen Yogurts besser heraus.

 | PRO STÜCK: CA. 115 KCAL, 2 G E, 7 G F, 10 G KH

BOAH! BROWNIES

1. BACKPAPIER IN DIE ECKIGE FORM

2. KUVERTÜRE SCHMELZEN UND BUTTER, NÜSSE UND BEEREN ZUFÜGEN

3. EIER UND ZUCKER SCHAUMIG SCHLAGEN

4. RESTLICHE ZUTATEN UNTERRÜHREN

5.

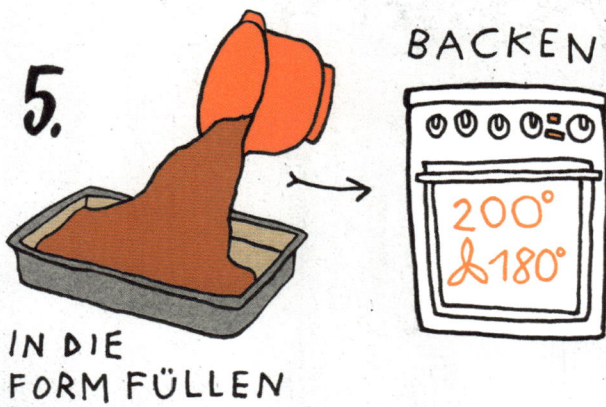

IN DIE
FORM FÜLLEN

BACKEN

200°
180°

6.

MIT KAKAO
& PUDER-
ZUCKER
BESTREUEN
UND

IN
STÜCKE
SCHNEIDEN

Saftige brownies mit getrockneten cranberrys

CA. 20 STÜCK | 1 STUNDE

- 250 g Butter
- 200 g Zartbitter-Kuvertüre
- 75 g getrocknete Cranberrys
- 75 g Walnusskerne
- 5 Eier (Größe M)
- 300 g Zucker
- 7 EL Kakaopulver
- 70 g Mehl
- 1 TL Backpulver
- 2 EL Puderzucker

1. Backofen auf 200 Grad (Umluft 180) vorheizen. Eine eckige Backform (24 x 36 cm) mit Backpapier auslegen.
2. Kuvertüre grob hacken. Butter und Kuvertüre in einem Topf bei milder Hitze schmelzen lassen. Cranberrys und Nüsse hinzufügen.
3. Eier und Zucker mit den Schneebesen des Mixers schaumig schlagen. Schokoladen-Buttermischung, 5 EL Kakaopulver, Mehl und Backpulver unterrühren.
4. Teig in die Backform füllen und im heißen Ofen 25 Minuten backen. Herausnehmen, abkühlen lassen und in Stücke schneiden.
5. Restliches Kakaopulver und Puderzucker mischen. Die Brownies damit bestäuben.

PRO STÜCK: CA. 300 KCAL, 3 G E, 16 G F, 20 G KH

AHA!

SO IST DAS ALSO

Die dümmsten Bauern haben die dicksten
Kartoffeln. Und die klügsten Köche?
Die haben dank dieses schlauen Kapitels
nur das Beste im Topf!

WARUM WIR ESSEN, WAS WIR ESSEN.

„Mami, darf ich die grünen Früchte von dem Strauch da essen?" „Nein, mein Kind! Davon haben sich schon viele den Magen verdorben. Und außerdem kommt gleich dein Vater von der Jagd und es gibt Säbelzahntiger. Also wasch dir die Hände und komm in die Höhle!"

So oder so ähnlich verliefen bei den Steinzeitmenschen wahrscheinlich die Gespräche zwischen Kindern und Eltern. Man lernte stets von den Erfahrungen anderer und gab diese von Generation zu Generation weiter.

Verrückterweise sind einige dieser Verhaltensweisen bis heute in unserer DNA verankert: Die Abneigung von Kindern gegen grünes Gemüse gehört genauso dazu wie unsere Angewohnheit, am Essen zu riechen, um festzustellen, ob es noch gut ist. Unsere Vorliebe für Süßes ist auch angeboren, denn „süß" signalisiert dem Körper „bekömmlich" – das lernen schon Säuglinge beim ersten Schluck der süßlichen Muttermilch.

Aber es ist nicht nur unser kulinarisches Erbe – auch der Kulturkreis und das direkte Umfeld, in dem wir aufwachsen, spielen eine Rolle bei der Wahl des Lieblingsessens.

Was wir als Kinder schon probieren durften, schmeckt uns auch als Erwachsene. Am liebsten essen Babys übrigens in Gesellschaft und schauen sich dort an, was den Großen so alles schmeckt – und was nicht. Früher waren dies in unseren Breitengraden neben Kartoffeln und Fleisch vor allem Kohlgerichte, was uns den Namen „Krauts" bei den Amerikanern einbrachte.

Heute können wir dank der verschiedensten kulinarischen Einflüsse aus aller Welt aus dem Vollen schöpfen und genießen frische Zitrusfrüchte, Oliven, Sushi, Chili, Süßkartoffeln & Co. Dass da auch so manches bittere, grüne oder scharfe Lebensmittel dabei ist, zeigt übrigens, wie wir mit der Zeit unsere Vorlieben entwickeln. Je häufiger wir etwas in schöner Atmosphäre oder leckerer Kombi zu uns nehmen, desto größer die Wahrscheinlichkeit, dass wir es lieben lernen.

KOHLENHYDRATE

Sie sind der Haupt-Energie-
lieferant für unser Gehirn
und schneller Brennstoff für
körperliche Leistung. Sie
stecken zum Beispiel in
Vollkornbrot.

BALLASTSTOFFE

Die sättigenden Zell-
und Faserstoffe sind
für uns unverdaulich,
nicht aber für Darmbak-
terien. Als „durchlau-
fende Posten" optimieren
sie die Verdauung und
regulieren die Darm-
flora. Sie stecken vor
allem in Gemüse und
Vollkornprodukten.

UNGESÄTTIGTE FETTE

Sie sind Energiereserven,
Schutzpolster für Organe,
Zellbestandteile und wichtig
fürs Gehirn. Sie stecken in
fetten Meeresfischen und
pflanzlichen Ölen.

Was unseren Körper fit macht

VITAMINE + MINERALSTOFFE

Wir benötigen zwar relativ
kleine Mengen, doch sobald
es an einem Vitamin oder Mi-
neral mangelt, laufen viele
Prozesse im Körper nicht
mehr richtig rund. Die besten Quellen sind vor allem
frische und möglichst unver-
arbeitete Lebensmittel aus
allen Produktgruppen.
Je abwechslungsreicher die
Ernährung, desto besser
die Versorgung mit Vitaminen
und Mineralstoffen.

EIWEISS

Baustoff aller Zellen
und unerlässlich für
starke Muskeln, Haut
und Organe sowie einen
leistungsstarken Stoff-
wechsel. Gute Quellen
sind Ei, Fisch, Milch
und Hülsenfrüchte.

WASSER

Ohne Flüssigkeit bewegt
sich nichts im Körper.
Mindestens 2 Liter täg-
lich trinken ist Pflicht.

SONDERFALL VITAMIN D

Das Stimmungs- und Immun-Vi-
tamin steckt zum Beispiel in
Milch. Durch UV-Strahlen der
Sonne bilden wir Vitamin D
in der Haut. Zusammen mit
dem Kalzium aus Milchproduk-
ten ist es auch für feste
Knochen verantwortlich.

EINE FÜR ALLES

Eine Pyramide? Ja, was hat denn das alte Ägypten mit gesundem Essen zu tun? Nun ja, das große Dreieck zeigt uns vom Boden bis zur Spitze, wie man möglichst abwechslungsreich und frisch kochen kann – und gleichzeitig beim Nährstoffspektrum aus dem Vollen schöpft. Besonders für Heranwachsende – aber übrigens auch gestresste Eltern – ist das wichtig, um energiegeladen den Alltag zu meistern. Die Pyramide verschafft dabei ganz easy einen Überblick, bei welchen Lebensmitteln man richtig zulangen darf – und welche man für besondere Situationen aufsparen sollte.

GENUSSMITTEL

Das Beste kommt zum Schluss? Na ja, nicht ganz. Bei Süßigkeiten, Knabbereien & Co. kommt es auf die richtige Dosis an. Verbote bringen hier meistens nichts, denn ganz auf die kleinen Sünden zu verzichten klappt sowieso nicht. Also lieber kleine Mengen der Lieblingsschoki bewusst einplanen. Wenn in der Ernährung der Rest stimmt, sind kleine Ausnahmen kein Problem!

FETTE & ÖLE

Fett ist nicht gleich Fett! Pflanzliche Öle aus Oliven, Leinsamen, Sonnenblumen und Raps sowie fette Fischsorten wie Lachs, Hering und Makrele liefern die guten Fette, etwa die sogenannten Omega-3-Fettsäuren. Die weniger gesunden Fette stecken vor allem in tierischen Produkten wie Wurst und Fleisch.

EIWEISS

Am Anfang war das Ei-weiß! Eiweiße sind die Grundbausteine unserer Zellen und damit auch der Muskeln. Milchprodukte, Fleisch, Wurst, Fisch, Hülsenfrüchte, Nüsse, Tofu und Ei sind die wichtigsten Lieferanten. Milchprodukte sollten täglich verzehrt werden, da sie den Körper auch mit Kalzium versorgen, das unter anderem für die Knochengesundheit unentbehrlich ist.

KOHLENHYDRATE

Nudeln, Reis, Kartoffeln und Brot sind die Sattmacher in der Ernährungspyramide! Vor allem die Vollkornvarianten der Getreideprodukte enthalten viele Ballaststoffe, die richtig lange satt machen und zusätzliche Vitamine liefern.

OBST & GEMÜSE

Vitamine, so weit das Auge reicht! Bei Obst und Gemüse darf sich jede und jeder den Teller vollschaufeln, denn in ihnen stecken Vitamine, Mineralstoffe, Spurenelemente, Ballast- und sekundäre Pflanzenstoffe. Für die Zubereitung gilt: am besten möglichst frisch und roh oder nur ganz kurz gebraten und gedünstet. So bleiben am meisten Vitamine erhalten.

GETRÄNKE

Das Wichtigste zuerst: Viel trinken! Wir Menschen bestehen zu 60 Prozent aus Wasser, denn wir brauchen Wasser als Transportflüssigkeit für Nährstoffe und zur Versorgung der Organe. Und weil wir nur einen Teil über Obst und Gemüse aufnehmen, müssen wir den Rest eben trinken: je nach Bedarf um die 2 Liter pro Tag, als Wasser, Tee oder in Form von anderen kalorienfreien Getränken.

MIX IT, BABY!

Der Mixteller ist ein ebenso simples wie effektives Tool, um die Empfehlungen der Ernährungspyramide spielend umzusetzen. Der Mixteller lässt sich wie eine Schablone auf jede Mahlzeit anwenden. Dazu wird er gedanklich in vier gleich große Teile geteilt. Ein Teil ist für Kohlenhydrate reserviert, einen zweiten Teil füllt Eiweiß. Die restlichen zwei sind für Obst und Gemüse vorgesehen – denn hier stecken die meisten Vitalstoffe drin. Fette sind bereits in vielen Lebensmitteln enthalten oder werden bei der Zubereitung zugeführt. Deshalb ist für sie kein gedanklicher Platz auf dem Mixteller reserviert.
Der Mixteller-Gedanke erspart lästiges Kalorienzählen und nervige Verbote. Stattdessen lenkt er den Blick auf die Vielfalt an gesunden und leckeren Lebensmitteln, aus denen wir täglich schöpfen können. Warum nicht das Ganze als kleine Familien-Food-Challenge etablieren?
Na, wer schafft es, den perfekten Teller zu mixen?

1/4 EIWEISS

1/2 OBST & GEMÜSE

ISS deinen Teller leer!

Diesen Satz hat wahr-
scheinlich jeder bereits
mehrfach in seinem Leben
gehört — dabei sollten
wir ihn lieber streichen.
Kinder, die lernen, dass
ein Teller leer gegessen
werden muss, verlernen
nämlich, auf ihren eigenen
Körper zu hören.
Das Sättigungsgefühl wird
ignoriert und geht mit der
Zeit verloren. Darum die
Kids lieber zum Probieren
animieren, ihnen aber die
Entscheidung des Aufessens
selbst überlassen.
Das funktioniert übrigens
auch bei Erwachsenen!

1/4 KOHLEN-HYDRATE

DAS PERFEKTE FOOD-FOTO

oh ja, wir kennen sie alle, die leckeren Fotos auf Instagram und unseren Lieblingsblogs! Aber wie schießt man eigentlich Bilder, die einem das Wasser im Mund zusammenlaufen lassen und dabei auch noch Tausende von Likes bekommen? Hier zeigen wir es und freuen uns auf viele neue Instagram-Food-Fotos unter dem Hashtag „Wie yummy ist das denn, bitte?".

1. MIT UNTERGRÜNDEN EXPERIMENTIEREN

Klar, Essen ist nicht gleich Essen. Aber Teller ist auch nicht gleich Teller! Unser Tipp: Auf genügend Kontrast im Bild achten. Helles Essen wirkt auf einem dunkleren Teller gleich viel lebendiger und anders herum. Auch die Tischplatte oder -decke spielt eine Rolle beim Foto. Vielleicht wirkt das Essen auf der Fensterbank viel leckerer als auf der Küchenarbeitsplatte? Einfach mal ausprobieren!

* wie yummy ist das denn, bitte?

#wyiddb*

2. IST DAS DEKO ODER KANN DAS WEG?

Bei der Dekoration gilt: Weniger ist mehr! Trotzdem können ein paar zusätzliche Elemente interessante Storys erzählen. Ein altes Silberbesteck, besondere Zutaten, etwas Verrücktes, ausgefallene Teller — alles geht!

3. DAS RICHTIGE LICHT

„Vorsicht vor dem Blitz!", möchte man rufen, denn der macht beim Smartphone meist keinen guten Job — besser ist natürliches Licht. Wer drinnen fotografiert, kann eine weiße stabile Pappe oder Styroporplatte gegenüber dem Fenster aufstellen. So wird das Sonnenlicht reflektiert. Zu starke Sonnenstrahlen sollten besser vermieden werden, da sie harte Schatten verursachen.

4. PERSPEKTIVE

Jedes Essen hat eine Schokoladenseite — auch Herzhaftes! Daher sollte man ruhig verschiedene Perspektiven austesten. Manchmal ist ein Stativ oder Selfiestick hilfreich. So können Korrekturen am Motiv vorgenommen werden, ohne die Position verlassen zu müssen.

5. SCHÄRFE SETZEN

Klar, der Autofokus macht das eigentlich von allein, aber auch hier lohnt sich ein zweiter Blick. Welchen Teil des Essens möchte ich besonders scharf haben? Was sieht spannender aus, wenn es unscharf bleibt?

REGISTER

Hat jemand irgendwo meine Reisbällchen gesehen?

IMPRESSUM

VERLAG & HERAUSGEBER
EDEKA Verlagsgesellschaft mbH
New-York-Ring 6, 22297 Hamburg
Geschäftsführung Markus Mosa, Rolf Lange
Gesamtleitung Nico Schiller
Projektmanagement Carolin Boeck
www.edeka.de

REDAKTION & GESTALTUNG
C3 Creative Code and Content GmbH
Redaktion Götz Poggensee
Text Melanie Hölting-Eckert
Lektorat Stefanie Nickel, Egbert Scheunemann
Projektmanagement Marica Lehmann
Fotografie Charlotte Schreiber
Illustrationen Mille Foli
Zusätzliche Fotos und Illustrationen
Fotolia (9), Shutterstock (15),
Thorsten Suedfels (1)
Styling Anka Rehbock
Foodstyling und Rezeptentwicklung
Claudia Seifert, Beate Gauder
Art Direction Jessica Winter, Barbara Geising
Bildredaktion Judith Klaus
Lithografie Alphabeta GmbH
Druck und Verarbeitung
Mohn Media Mohndruck GmbH,
Carl-Bertelsmann-Str. 16M,
33311 Gütersloh

Copyright © 2017
EDEKA Verlagsgesellschaft mbH

ISBN 978-3-9818005-2-4
1. Auflage 2017

AUCH ERSCHIENEN:

Selbstgemacht – Das Buch
200 Seiten
14,95 € [D] I 15,30 € [A]
ISBN: 978-3-9818005-1-7

Grillen – Das Buch
200 Seiten
14,95 € [D] I 15,30 € [A]
ISBN: 978-3-00-047840-6

OVERNIGHT-OATS * HASELNUSS-AMARANTH-GRANOLA * GRÜNE SMOOTHIE-BOWL * GRÜNER
* GRÜNER SALAT * QUINOA-SALAT * FLAPJACKS * ENERGY-BALLS * BAUERN-STULLE * GAR
PASTE * QUICKIE-NUDELSUPPE * MEDITERRANE TOMATENPASTE * ROTE LINSENSUPPE * KI
TEN-PENNE * ONE-POT-PASTA * BASILIKUM-PESTO * TOMATEN-ZIEGENKÄSE-PESTO * REIS
PULLED-CHICKEN-BURGER * RINDFLEISCH-WOK * WIRSING-WOK * GEBRATENE MIE-NUDELN
* BEEREN-MIX * FRÜCHTE-MIX * OMELETTE * RINDER-ROULADEN * PUTEN-ROULADEN * K
DELN * SPÄTZLE * SEELACHS-STÄBCHEN * LACHS-MANGOLD-PÄCKCHEN * FORELLEN-FILET
SCHOKOLADENPUDDING * ROTE GRÜTZE * ORANGEN-TIRAMISU * FLUFFY MARMORKUCHE
HACKBÄLLCHEN * RANCH-POTATOES * BUNTER PARTYSALAT * FALAFFEL * SCHAFSKÄSE-SP
CHILI-SAUCE * TOMATEN-CURRY-DIP * MITTELMEER-NUDELSALAT * WELTBESTER KARTOFF
FRUCHTIGE WALDMEISTER-BOWLE * LIMETTEN-MINZ-LIMONADE * QUINOA-SUSHI * TORTILLA
OVERNIGHT-OATS * HASELNUSS-AMARANTH-GRANOLA * GRÜNE SMOOTHIE-BOWL * GRÜNER S
* GRÜNER SALAT * QUINOA-SALAT * FLAPJACKS * ENERGY-BALLS * BAUERN-STULLE * GAR
PASTE * QUICKIE-NUDELSUPPE * MEDITERRANE TOMATENPASTE * ROTE LINSENSUPPE * KI
TEN-PENNE * ONE-POT-PASTA * BASILIKUM-PESTO * TOMATEN-ZIEGENKÄSE-PESTO * REISN
PULLED-CHICKEN-BURGER * RINDFLEISCH-WOK * WIRSING-WOK * GEBRATENE MIE-NUDELN
* BEEREN-MIX * FRÜCHTE-MIX * OMELETTE * RINDER-ROULADEN * PUTEN-ROULADEN * K
DELN * SPÄTZLE * SEELACHS-STÄBCHEN * LACHS-MANGOLD-PÄCKCHEN * FORELLEN-FILETS
SCHOKOLADENPUDDING * ROTE GRÜTZE * ORANGEN-TIRAMISU * FLUFFY MARMORKUCHEN
HACKBÄLLCHEN * RANCH-POTATOES * BUNTER PARTYSALAT * FALAFFEL * SCHAFSKÄSE-SP
CHILI-SAUCE * TOMATEN-CURRY-DIP * MITTELMEER-NUDELSALAT * WELTBESTER KARTOFF
FRUCHTIGE WALDMEISTER-BOWLE * LIMETTEN-MINZ-LIMONADE * QUINOA-SUSHI * TORTILLA
OVERNIGHT-OATS * HASELNUSS-AMARANTH-GRANOLA * GRÜNE SMOOTHIE-BOWL * GRÜNER S
* GRÜNER SALAT * QUINOA-SALAT * FLAPJACKS * ENERGY-BALLS * BAUERN-STULLE * GART
PASTE * QUICKIE-NUDELSUPPE * MEDITERRANE TOMATENPASTE * ROTE LINSENSUPPE * KÜ
TEN-PENNE * ONE-POT-PASTA * BASILIKUM-PESTO * TOMATEN-ZIEGENKÄSE-PESTO * REISN
PULLED-CHICKEN-BURGER * RINDFLEISCH-WOK * WIRSING-WOK * GEBRATENE MIE-NUDELN
* BEEREN-MIX * FRÜCHTE-MIX * OMELETTE * RINDER-ROULADEN * PUTEN-ROULADEN * K
DELN * SPÄTZLE * SEELACHS-STÄBCHEN * LACHS-MANGOLD-PÄCKCHEN * FORELLEN-FILETS
SCHOKOLADENPUDDING * ROTE GRÜTZE * ORANGEN-TIRAMISU * FLUFFY MARMORKUCHEN
HACKBÄLLCHEN * RANCH-POTATOES * BUNTER PARTYSALAT * FALAFFEL * SCHAFSKÄSE-SP
CHILI-SAUCE * TOMATEN-CURRY-DIP * MITTELMEER-NUDELSALAT * WELTBESTER KARTOFF
FRUCHTIGE WALDMEISTER-BOWLE * LIMETTEN-MINZ-LIMONADE * QUINOA-SUSHI * TORTILLA
OVERNIGHT-OATS * HASELNUSS-AMARANTH-GRANOLA * GRÜNE SMOOTHIE-BOWL * GRÜNER S
* GRÜNER SALAT * QUINOA-SALAT * FLAPJACKS * ENERGY-BALLS * BAUERN-STULLE * GART
PASTE * QUICKIE-NUDELSUPPE * MEDITERRANE TOMATENPASTE * ROTE LINSENSUPPE *